图解生活微观

经济学

IDKW图解中心 ——— 编著

化学工业出版社

·北京·

本书秉承科学的经济学知识体系，从日常生活的角度出发，介绍了生活中常见的微观经济学常识。全书共分为七章，主要介绍了微观经济学的基本视角和分析方法、“经济学十大原理”、市场这只“看不见的手”、消费者在市场中的一系列选择、职场和就业市场中的成功秘诀、整个社会的生产过程以及市场的外部性问题。本书适合经济学入门者使用，也适合对经济学已经有一定了解，希望学以致用的读者仔细研读。

图书在版编目（CIP）数据

图解生活微观经济学 / IDKW图解中心编著. 一北京：化学工业出版社，2017.9
ISBN 978-7-122-30195-6

Ⅰ. ①图… Ⅱ. ①I… Ⅲ. ①微观经济学-图解 Ⅳ. ①F016-64

中国版本图书馆CIP数据核字（2017）第164544号

责任编辑：罗 琨 装帧设计：韩 飞
责任校对：吴 静

出版发行：化学工业出版社（北京市东城区青年湖南街13号 邮政编码100011）
印 装：三河市双峰印刷装订有限公司
880mm×1230mm 1/32 印张6½ 字数150千字 2017年11月北京第1版第1次印刷

购书咨询：010-64518888（传真：010-64519686） 售后服务：010-64518899
网 址：http://www.cip.com.cn
凡购买本书，如有缺损质量问题，本社销售中心负责调换。

定 价：29.80元

前言：微观经济学，意味着什么

当某天，你对着镜子时发现，曾经的红颜开始衰老，逝去的岁月再也无法回头时，或许你才会真正地开始明白这门学科——微观经济学。

因为你开始思考生命的稀缺性和选择的关系了。

每一个人生活在世上，都要面临这个矛盾：一方面所拥有的资源（时间、财富等）十分有限，另一方面生存和生活的需求却是无穷无尽的。所以，如何利用有限的资源最大限度地满足人的需求，就是一个正常人必须要考虑的问题。上至国家元首，下至普通百姓，概莫能外。

那么经济学，尤其是微观经济学，对我们来说到底意味着什么？

经济学有助于我们看清这个复杂的世界。经济学在社会科学中的使用价值很高，它对几乎所有社会科学，包括商业、法律和管理都具有重要意义。一旦掌握了经济学的分析方法和基础知识，我们的视野会一下子变得豁然开朗，看清现实世界许多原本看不清的现象。

经济学有助于我们建立一种经济学家式的思维方法。经济学家的思维，既要有实证分析，又要有规范分析，一方面要跳出现象看本质，另一方面又要在本质中精准把握现象。20世纪最著名的经济学家凯恩斯对经济学家的这种特性有过精彩的描述：

“作为一个杰出的经济学家，必须是种种才能的结合，这一点是很难能可贵的。他必须在某种程度上是个数学家，又是历史学家、政治家和哲学家。他必须精通的是把他要说的话写下来。他必须善于运用思考力，从一般原则推断出个别现象，在思想奔放中，既要触及抽象的方面，又要触及具体的方面。他必须根据过去，研究现在，推测未来。对人类性格及风俗习惯的任何方面，他都不应当完全置之度外。他同时必须保持着既不是无所为而为之，又不是不偏不倚的态度，像个艺术家那样地头脑冷静和孤芳自赏，然而有时也必须像个政治家那样地接近尘世环境。”

一方面头脑冷静、孤芳自赏，另一方面近距离接触尘世环境，经济学家的思维实际上类似于中国传统知识分子的“出世而入世，入世而出世”。通过学习这种思维方法，我们的深度思考力将会明显提升，通向财务自由、心灵自由的路途势必大大缩短。

经济学有助于我们分辨什么才是“比较好”的经济政策，什么是“比较差”的经济政策。例如，在劳动经济学中我们知道，一个健康、稳定、和谐的社会应该是一个财富分配较为均匀、中产阶级占绝大多数的橄榄型社会，而财富高度集中、两极分化严重的金字塔形社会无疑是一个“火药桶”，政府的政策应该是尽量促成一个橄榄型的社会，而不是有意或无意地加大贫富分化。

实际上，在现代社会，经济政策的制定越来越专业化，没有经济学思维和知识，很难理解现实中的很多经济现象和经济政策。

对此，凯恩斯曾早有论断：

“经济学家和政治哲学家的思想，无论是对还是错，实际上都要比一般人想象的更为有力。这个世界确实是由少数精英统治的。那些相信自己在智力上不受影响的实干家往往是那些已经过世的经济学家的奴隶。那些当权狂人信奉的其实也不过是若干年前某些末流文人狂妄思想的零碎而已。”

经济学有助于使我们懂得用理性的方式来维护自身的利益。例如，学习经济学之后，我们知道了工资或高或低的根本原因，从而更积极地规划自己的职业方向，培养自己的相对优势；知道房价多年来节节攀升的原因，从而采取等待或购买的策略；懂得哪些税负会对自己的工作造成重要影响，从而提前做出应对等等。

正是基于这样的思考，我们编写了这本《图解生活微观经济学》。该书是弗迪思锐公司 IDKW 图解系列图书中的一本。本书秉承科学的经济学知识体系，从日常生活的角度出发，分七章介绍了生活中常见的 64 个微观经济学常识。

第 1 章介绍了微观经济学的基本视角和分析方法，指明为什么人人都要懂点微观经济学，重点分析了经济学家的两种思维方式。

第 2 章介绍了著名经济学家曼昆教授的“经济学十大原理”，这是初学经济学的人必知的十个原理，其中包含了很多经济学基础理念。

第 3 章主要介绍市场这只“看不见的手”如何通过供需理论来调节社会资源的分配。对最近几年新科技的发展对经济社会的影响也做了介绍。

第 4 章站在消费者的立场上，从经济学的角度来分析消费者在市场中的一系列选择，以帮助消费者解决生活中一系列难题。

第 5 章立足劳动市场，从经济学的角度揭示了职场和就业市场中的成功秘诀。

第 6 章从企业和产业组织的角度出发，揭示整个社会的生产过程，内容涉及企业的成本、生产策略等。

第 7 章介绍因市场而产生的外部性问题以及问题的解决办法，内容涉及正外部性、负外部性、公共政策的效果等。

如果你对经济学知识很感兴趣，但对复杂的理论和繁琐的数学公式望而却步，这本书就很适合你，因为它以图解的形式向你清晰地呈现了各种微观经济学知识点之间的逻辑关系，帮你轻松建立微观经济学的知识构架。

如果你对经济学已经有了一定了解，希望学以致用，那么这本书也很适合你，它没有大段枯燥的理论阐述，取而代之的是一目了然的图解，帮助你用经济学的视角看待生活中的平常小事，让你在感受经济学的奇妙与深刻的同时，重新对世界和人生有所感悟。

如果你每天都很忙，没有足够的时间看书学习，那么这本书也很适合你，它的内容层次感很强，你可以只看图标就能对全书内容有一个大致的了解。

在结构编排上，本书从微观经济学的实用角度划分章节，全书的小节之间有一定的逻辑联系，但彼此之间又是相互独立的。读者在阅读时可以系统地学习微观经济学知识，也可以选择部分内容单独学习。

在本书创作过程中，毕春月、程淑丽、姜娣、姚小风、李作学对本书的设计思路和体系给出了具体修改意见，史册、王胜会、杨茜、韩伟静、齐艳霞审阅了部分内容，设计中心罗章秀、贾月、任玉珍负责插图和排版的设计，在此一并表示感谢。

目录

第1章 人人都要懂点微观经济学

我们生活在一个“有限”的世界里，寿命有限，财富有限，自然资源有限。如何将这有限的、稀缺的资源加以利用，以获得尽可能多的收益，是每一个人都要思考的问题。在思考这个问题的过程中，经济学慢慢形成了。经济学研究的核心问题就是人们在有限的世界里如何进行权衡和选择。

1.1 什么是微观经济学？

当谈及微观经济学是什么的时候，没有学过经济学的人或许也能对它有个比较感性的认识。

“微观经济学是区别于宏观经济学，关乎个体的经济学视角。”

“微观经济学是与我们的日常生产、消费、劳动、生活息息相关的内容。”

“微观经济学研究的对象是市场的价格—供求机制，想解决的是经济市场运行规律和市场行为的矛盾问题。”

可以说，上述说法都对，但又不全对，微观经济学是有着自己的一整套体系的，我们应该站在一个系统性的高度去看待微观经济学。

经济学的历史渊源

出现 ⇒ 早在古希腊就有一些社会思想家对经济思想产生过贡献。有色诺芬的《经济论》，柏拉图的社会分工论和亚里士多德关于商品交换与货币的学说

独立 ⇒ 把经济学作为一门独立学科，是从亚当·斯密的《国民财富的性质和原因的研究》开始的。亚当·斯密这本《国富论》可以说奠定了整个经济学科的理论基础，可谓对后世影响深远。亚当·斯密也因此被人们称为“经济学之父”

提出的观点：“看不见的手”在支配市场

进一步阐述了：社会分工理论、收入分配理论、市场价格—供求机制理论

●此观点获得了公众的一致认同，并成为其他经济学理论的思想渊源

发展 ⇒ 在西方国家自由放任主义导致的一系列经济危机之后，社会经济环境非常萧条，凯恩斯在1936年出版的代表作《就业、利息与货币通论》走入了公众的视野

观点：政府干预经济、宏观经济学视角

●凯恩斯主义提出的政府干预经济以及宏观经济学视角与早先的亚当·斯密微观市场理论共同构筑了经济学的整体框架。

经济学内涵

要搞清楚微观经济学就要先了解经济学的内涵，只有这样才能更好地理解并将微观经济学和宏观经济学的研究视角区别开来。有人会问，微观经济学与宏观经济学到底有何区别？这个问题需要辩证地看，微观与宏观只是视角上的不同，客观来讲，它们二者的研究内容和量化分析方法都是一致的，但是又有着本质的区别。

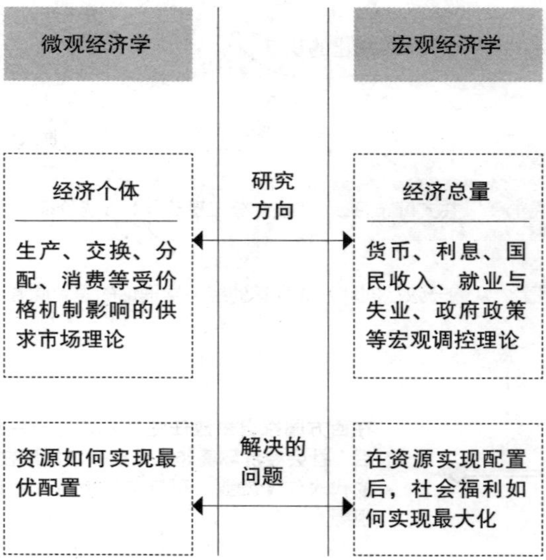

微观经济学体系

弄懂微观经济学整个体系都包涵哪些内容，它们之间的逻辑关系是怎样串联起来的，这一部分应该是经济学家最关注的部分。

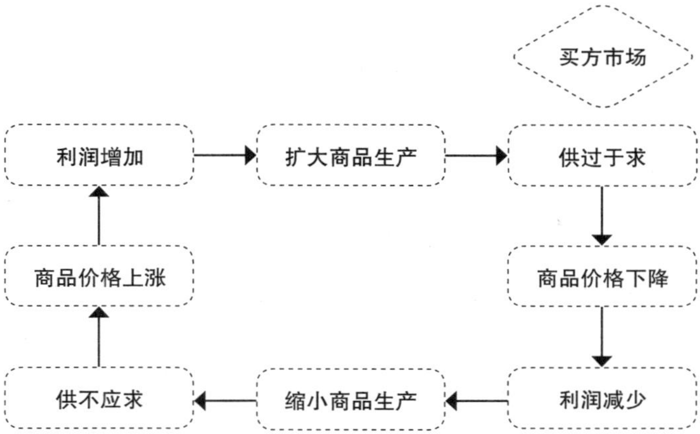

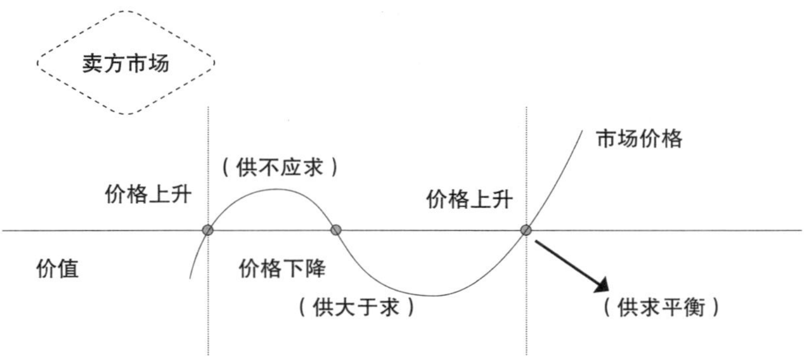

在供求之间作用的主体主要是生产者和消费者，而其关系的特殊性在于消费者也可以是特定商品生产的劳动者，这就构成了劳动者与消费者在双重身份之间的角色穿梭。只有当劳动者拥有了从雇主那里获得的收入和福利时，才有信心和足够的资金进行经济生活上的消费，而这种消费会刺激经济总量的增长，进而带动生产；反之，经济不景气的时候，消费者不愿意购买商品，生产者会减少产量来应对经济危机，因而也不再需要过多的员工，会出现员工收入降低甚至是失业现象，最终进一步导致经济下行压力增大。

而生产者作为企业和雇主而言，会参与市场经济的整个运行过程，企业的市场行为和企业之间的竞争行为又会对经济、社会、环境产生不同的外部性影响。此外，经济的运行过程中，有些公共物品和资源是企业和消费者触碰不到的，这就需要政府和公益组织的参与来维护必要的公共秩序和社会资源的流通。生产者、消费者、劳动者、公益社团、政府组织以及它们之间的相互作用关系，共同构成了微观经济学的主体和利益链条。

下面，让我们不妨轻松一下，来参加动物园的经济普及活动，看看动物朋友们是怎么理解微观经济学的吧！

●第 1 站：猴山

猴子的等价交换

猴子长老正在给猴群开会，大大小小的猴子们都围坐在一起，听得是津津有味："我理解的微观经济学就是关于等价交换的哲学，游客们来到动物园参观我们的生活，会不时地给予我们香蕉、桃子还有各种零食，而我们的生活场景对于游客而言是一种感官刺激，他们觉得稀奇有趣，又很热闹。这样，我们的生活场景能满足游客的观赏体验，这一情景对游客们而言具有稀缺性，在日常生活中看不到的。这才使我们在动物园得以生存和繁衍。所以说，游客就是我们的上帝啊！"顿时，猴群欢呼起来。

●第 2 站：狮虎山

狮虎山的消费经济学

猴山的猴子们正在闹腾，不巧打扰到了久居狮虎山的老虎的美梦，老虎伸伸懒腰，走出了洞穴，想要惬意地享受午后的第一缕阳光。游客们看到老虎出来了，赶忙拿出照相机"咔咔"，老虎看到相机闪光灯之后，眨眨眼睛，不耐烦地跟狮子说："这些人类跟猴子一样，可真烦人。"

狮子说："游客买门票才能进动物园看我们，只有这些游客高兴了，才能促使他们在动物园消费，动物管理员才有足够的钱来给我们买各种山珍海味，我们才有美餐。这就是微观经济学的内在规律——有了游客，我们才有钱养活自己。"

"狮子兄弟不愧是动物园的经济学家啊。"老虎连连称赞。

●第 3 站：袋鼠馆

袋鼠保育袋的比较优势

袋鼠护犊情深众所周知，在世代繁衍之后逐渐形成了保育袋，刚出生的小袋鼠会躲在母亲的保育袋里，既安全又舒适，这种动物的特殊性吸引了人类的关注。袋鼠在众多动物之中有自己的突出特色，即保育袋的特征，让人们能够联想到人类的母爱，这大大刺激了游客的好奇心和对其所拥有情感的同理心。

●第 4 站：孔雀园

孔雀开屏的边际效用递减

孔雀馆里的孔雀夫妇，正在吃午餐，身边却有游客一直在嚷嚷“孔雀开屏！”公孔雀不耐烦地想应付一下观众，正要开屏，母孔雀却提醒他：“别急着开屏，游客心理你还不懂吗？如果咱们不停地开屏，游客会审美疲劳。这在微观经济学里，就是一个边际效用递减的规律，老开屏就不新鲜了。既要照顾到游客的好奇心理，又不让他们觉得你的开屏太稀松平常。”公孔雀从此学会了把握开屏的频次与尺度。

●第 5 站：大象社

盲人摸象与信息不对称

午后是象群的洗澡时间，大象用长长的鼻子将泥塘里的浆液喷洒到整个身体上，工作人员则用清水帮大象冲洗。小象因为恐惧，不配合工作人员，觉得洗澡并不愉快。

这个时候，大象为安抚小象对洗澡的恐惧，给小象讲了个有关象的经济学故事。

在中国古代，有则寓言叫盲人摸象，它反映的是盲人在视觉障碍的情况下通过触摸来了解大象，由于大象的身体庞大，每个盲人触摸到的地方都不同，导致了不同的感知。

大象所讲的寓言，反映的正是经济学上的信息不对称可能影响决策的问题。

小象听完之后，顿时觉得原来大象与人类相处的历史这么久远，慢慢开始信任工作人员，开始配合洗澡。

●第 6 站：熊猫馆

熊猫生活的替代品和互补品

熊猫刚刚睡过午觉，需要补充能量了，竹子是它的最爱。一个孩子好奇地问妈妈："为什么熊猫一直只吃竹子，换换口味不好吗？"妈妈一时也不知如何回答。

熊猫听到了，会心一笑："因为没有其他替代品啊。我的家乡在四川，当地盛产竹子，我的祖先也酷爱竹子，因而这一饮食习性遗留下来。其实，我们是杂食动物，只是因为在大家的印象中我们爱吃竹子，所以很多情况下饲养员愿意给我们准备很多竹子吃。当然，竹子和睡觉永远是我们熊猫的首选互补品。"

1.2 微观经济学有什么用？

微观经济学在现实中有哪些作用呢？读者在学习之前要了解，学完之后最好再综合梳理一遍。

微观经济学可以解释生活现象

生活中处处都有经济学的影子。就拿自助餐来说，就含有很多经济学的原理。

在商家和消费者的这场“自助餐”博弈中，两者互相“算计”，最终达到了平衡。

对消费者来说，经过“负面效应”的洗礼，就会明白真正最佳的状态应当是在丰富的美食供应中吃到自己想吃的食物，并给肠胃留有余地，以便留下美好的回忆，下次选择时便会有更适合自己的选择。

而自助餐商家的行为，一方面展示了自己餐厅的特色，另一方面也使顾客获得一种追逐高价格食物时心理上的满足感，虽然暂时可能会吃点亏，但长期来看必然有不错的回报。这是经济学告诉我们的真谛。

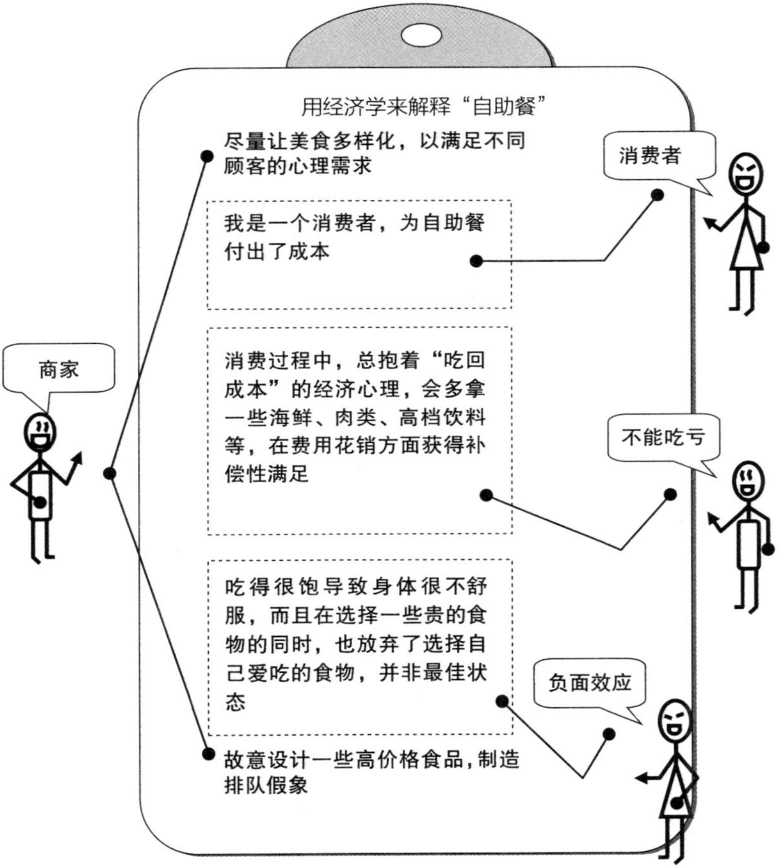

微观经济学能够探寻真知

微观经济学能够给我们带来丰富的经济模型和经济思路，培养我们关注现实问题的本质规律。就拿房价走势来说，为什么房价只涨不跌？请看下图分析。

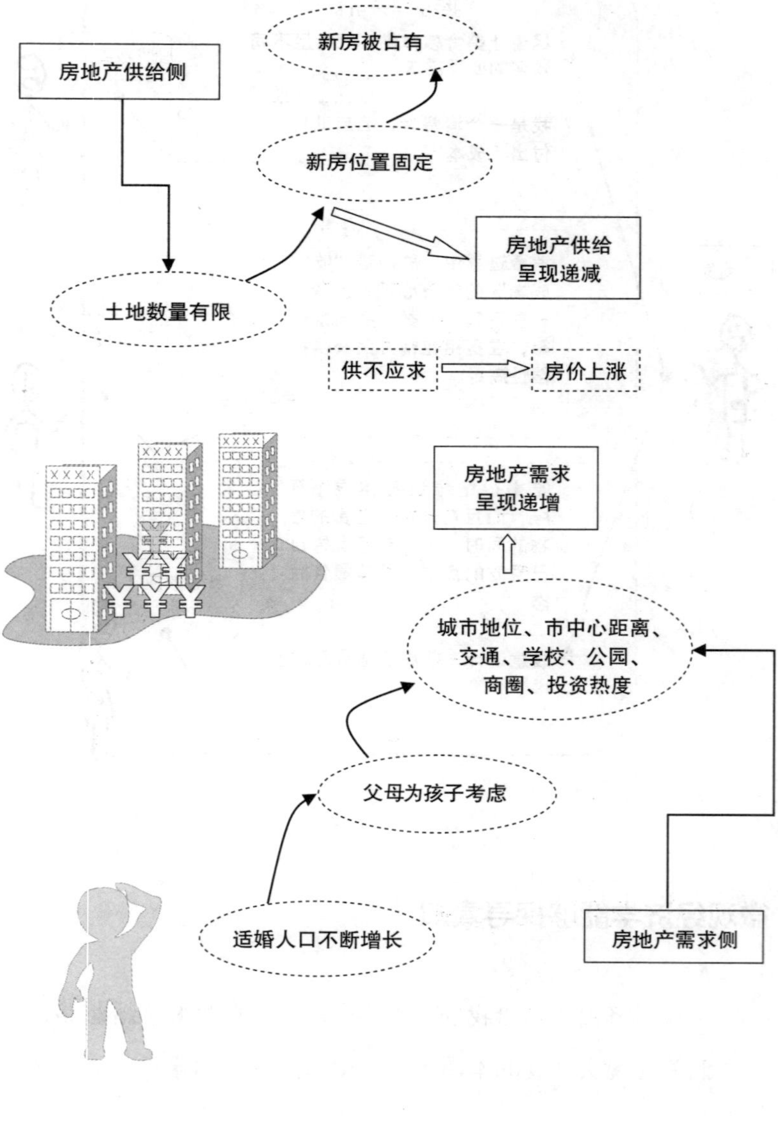

微观经济学可以培养理性态度

经济学的基本假设是理性人假设（又称经济人假设，本章第四节详述），它为我们提供了看待问题的理性态度。

理性人假设既不是让我们只考虑自己，又或者过分考虑别人，它教会我们一种适度的权衡思维。例如，当我们选择购买一款喜欢的衣服时，一定会去货比三家，甚至在商场看到好看的衣服会选择去旗舰店搜搜价格及价格折扣，并在信息对称的情况下，选择在诚信厚道、价格实惠的商家消费，最终做出性价比最优的选择。

对于商家而言，也会让自己的商品款式更加丰富化，尽量满足更多人性化的需求，并及时比较市场同类型商品竞争对手的情况，坚持对于自身成本收益最合适的价格，以吸引、留住顾客，从而实现去库存、高利润，最终实现最优的盈利状态。

微观经济学在商业中的独特功能

作为一种重要的思维方式，微观经济学影响着商业决策的方方面面。

商业决策中的微观经济学

①

企业定价

懂得微观经济学的规律可以帮助企业开展产品定价工作，在市场环境下，商品的供需平衡在一定程度上取决于合适的价格水平。合适的价格水平能够最大化地减少企业的库存成本，并尽量多地以适当的价格出清商品，以实现运营利润的最大化

②

效率成本

微观经济学还能帮助企业计算劳动力的边际效率和边际成本，以确定雇多少员工能够保证生产效率最高、人工成本最低

③

消费技巧

从消费者角度来看，微观经济学能让我们最大限度地识别市场商品的性价比，即何种商品性能高、价格又实惠；还能帮助我们建立健康合理的消费观。所以，懂一点微观经济学还会让我们略微知晓一些商品消费折扣和砍价策略

微观经济学有助于实现资源效用最优化

微观经济学可以帮助人们解决的核心问题就是如何实现资源和效用的最优化。例如，我们每天都有 24 小时的时间，一年有 365 天，这一点对于每个人都是一样的。那么为什么每个人在同样的时间里，有人身兼数职，乐此不疲；有人却碌碌无为，虚度此生。这主要归因于每个人对自己的时间和精力是否有边际性的规划。

时间作为人生命中最核心的资源，如何高效、有效地利用点滴的时间，一定程度上决定了一个人能否在短期内获得成功。这涉及机会成本和沉没成本的问题。

（1）我们在相同时间内面临着将自己的时间投入在哪里的问题，比如可能选择了看电视，那么就丧失了这段时间跑步和阅读的机会，这就是机会成本。这一点让我们认识到，我们应选择机会成本最小的那件事，使得自身时间的效用最大化。

（2）沉没成本（在第 4 章里有详述）很好理解，比如你过去花费了很多时间学画画，本来可以成为一门爱好和特长，但是你把这项爱好特长荒废了多年，你再想捡起来的时候已经没有更多的时间投入了，这之前所投入的时间就成为了沉没成本。这一点让我们认识到，面对沉没成本不要心怀犹豫和不舍，觉得自己之前的投入“白费”了，直接将其“归零”即可。

1.3 像经济学家一样思考

经济学家思考经济问题，通常有两类思考方式。

科学家的思维模式

这种思维模式中，经济学家是以科学家的客观性来研究经济问题的。他们的研究方法与生物学家研究生命的方法如出一辙：首先根据现实提炼出自己的理论，然后收集数据、分析数据，以努力证明或否定自己的理论。

在现实经济生活中，虽然经济学家跟其他科学家的思维模式类似，但他们面临一项独特的挑战：很难在实验室中通过实验验证自己的理论。例如，我们可以用天平测出一块石头的重量，却不能测量出一年内 GDP 的变化量。因此，经济学家不得不跟某些天文学家一样，通常不得不使用一些这个世界“碰巧”提供给他们的数据。

同时，为了寻找实验室试验的替代品，经济学家十分关注经济史，因为这些历史中包含了很多独特的“自然实验”。

经济学小贴士

第一次世界大战之后，德国魏玛政府为偿还巨额战争赔款，疯狂加印纸币，从而导致了严重通货膨胀。1948年蒋介石政府为筹措内战经费也大量超发法币，导致严重通货膨胀。这就给经济学家的研究提供了一系列真实的事例

政策顾问的思维模式

作为经济学家，必然面临被公众要求回答一些经济问题的局面。下面几个问题就很常见。

"为什么大学生的失业率今年这么高？"

"政府应该为改善年轻人的经济福利做些什么？"

"政府应该为改善地区经济发展不平衡做些什么？"

这些问题，有些像第一个问题，是要求经济学家解释一些经

济事件的原因；有些像第二个、第三个问题，是要求经济学家提出改善经济结果的政策建议。

当经济学家努力去解释世界时，他们用的是科学家的思维；而当经济学家试着提出改善经济结果的政策建议时，他们实际上是政策顾问。

一般来说，关于世界的表述有两种类型。

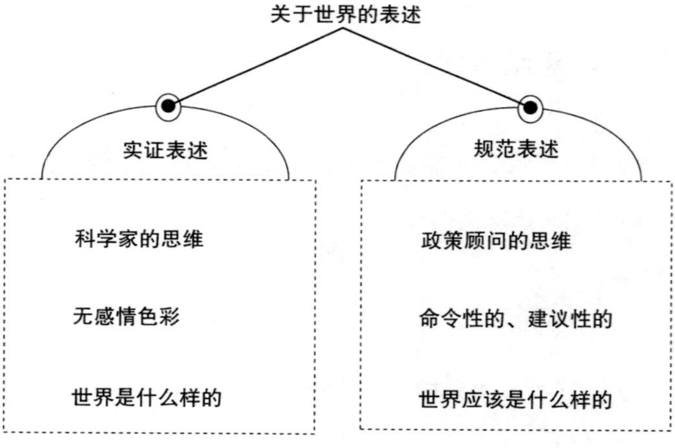

当经济学家转向政策顾问的角色，就要对经济问题做出规范表述。

作为政策顾问，经济学家们在做出规范表述的时候，其思维模式的差别相当大，因为这不但涉及经济学家面对经济问题的实证分析水平，还涉及他们的价值观、立场以及他们对伦理、宗教和政治哲学的看法。正因如此，人们时常看见经济学家们就某项经济议题互相争辩，为某一项政策“大打嘴仗”，提出的建议也是五花八门，甚至大相径庭。

在你日常学习时，对经济学家的这两种思考方式要有充分的了解，要记住实证表述与规范表述的区别。当经济学家门解释世界的运行时，他们的思维模式差别并不是很大。但经济学的目标并不仅仅是解释世界，更多的是改善世界的运行。因此，经济学家必然身兼政策顾问的角色，一旦你听到经济学家做出“政策应该怎么怎么样”的规范性表述时，你就要明白，他们已经跨越了界限，思维模式已经转变，从一个科学家变成了带有自己价值观和立场的经济政策顾问。

关于经济政策顾问，在美国主要有以下几类。

美国的经济政策顾问

经济顾问委员会	1946年设立的经济参谋机构，主要为总统服务，由三位委员和数十名经济学家组成。该委员会的办公室就在离白宫只有几步之遥的地方，它的职责是向总统提出建议，并撰写每年的《总统经济报告》
财政部经济学家	帮助财政部设计财政政策
劳工部经济学家	分析工人和求职者的数据，以帮助制定劳动市场政策
司法部经济学家	帮助实施国家的反托拉斯法

1.4 什么是经济人假设?

经济学是建立在一系列假设条件之上的，这其中最重要的一个就是经济人假设。经济学理论的超强适用性和局限性都与这个假设有关。

经济人假设

“经济人”即理性经济人，又可称为“实利人”。经济人是以完全追求物质利益为目的而进行经济活动的主体，每个人，包括自然人和企业，都是在既定的约束条件下追求自己的利益最大化。

这里的约束条件是由于资源的稀缺性，比如收入的限制、时间的限制、科技发展水平的限制等，人们只能在资源的约束下追求自己利益的最大化。

经济人假设的局限性

经济人是在经济生活中自然人和企业的抽象，它的本性是利己的，并且在经济活动中的行为都是理性的。需要注意的是，这一假设具有局限性。

人性是复杂的，人的需要是多样的，除了经济利益，人还会追求自尊、情感、自我价值等许多不同的需要。如果仅仅以经济物质利益作为利益最大化的依据，在日益多元的社会中会显得无所适从

每个人的社会经验、学习过程、生活经历都是不同的，这会导致每个人对理性的认识以及理性的水平也是不同的，因此，他们在经济活动中的行为并不一定都是理性的

还需要强调的是，经济人假设中的利己，绝不是损人利己，而是在不损害别人利益的前提下，增进自己的利益，通常情况下，是增进了双方的利益

学会换位思考

我们可以从这一假设的思想中学到换位思考，就是切实站在他人的立场上思考问题。如果你问，“我又不是别人，怎么知道别人怎么想？”，那么，你就可以从经济人的假设出发，站在对方的立场上，想想如果要使自己的利益最大化会怎么做。

当然，由于这一假设有上述局限性，我们的换位思考不见得结论完全正确。但是，增进人与人之间宽容、理解的目的还是可以达到的。

●案例：晓明为什么爱帮助人

晓明爱帮人，可以这样换位思考

晓明从帮助别人的过程中得到了极大的满足感。
一些劳动能手在投入的工作中获得了极大的满足感。
从经济学的角度，如果单看物质方面，晓明的行动不符合经济人假设，但是如果综合考虑偏好的差异，晓明在帮助别人的过程中实现了自己的“利益最大化”。

1.5 什么是经济模型？

在具体研究工作中，经济学家用得最多的工具就是——经济模型。

所谓经济模型，本质上是一种理论结构，用来描述所研究的经济现象与经济现象有关的经济变量之间的依存关系。

一个经济模型可以用带有图表或文字的方程来表示，通常包括变量、假设、假说和预测等。

其中，变量包括自变量与因变量；假设是经济模型用来说明事实的限定条件；假说是经济变量之间如何发生关系的判断；预测则是研究者根据理论假说，对事物未来发展趋势和变化的方向等做出的判断，它是在理论限定的范围内运用逻辑规则演绎出来的结果。

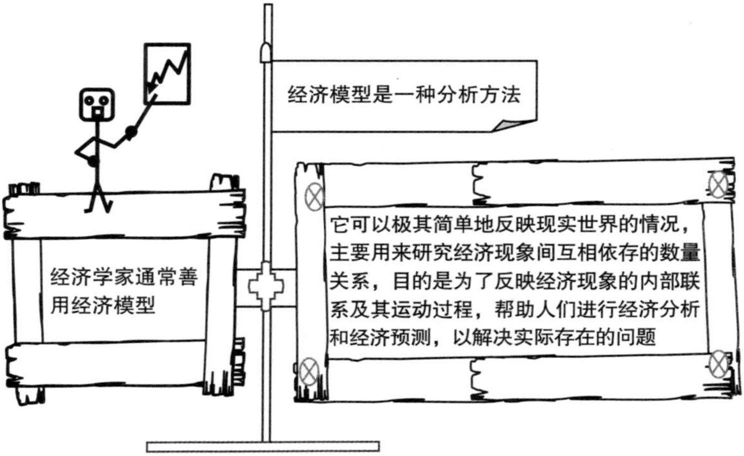

经济学研究引入经济模型这种分析方法并不是一蹴而就的，而是经历了一个长期的发展过程。

经济模型的历史渊源

出现 → 18世纪法国重农学派经济学家魁奈发表“经济表”，这是经济模型最早的形式；19世纪30年代，法国经济学家古洛首次将需求理论写成函数形式；到70年代，洛桑学派的瓦尔拉斯又用联立方程来表述市场中的商品需求、供给与价格之间的关系

流传 → 20世纪30年代以后，经济模型开始广泛流传。计量经济学的诞生，特别是凯恩斯《通论》的发表使得经济模型广为人知，并被广泛应用于经济分析之中

盛行 → 冷战之后，西方经济学大行其道，经济模型已成为世界各国进行经济预测和管理的重要工具，不管是对国民经济的发展做出预测、制定和分析不同的经济发展方案，还是制定正确的决策，确定企业最适合的发展方向，实现管理现代化等，都可以借助经济模型

滥用 → 到了现在，经济学成为“显学”，不断向其他学科渗透，颇有“经济学帝国主义”的倾向，经济模型也广泛应用到相关的研究、预测中，但有些使用并没有必要，纯粹只是一种卖弄和滥用

环境经济学　新制度经济学　婚姻经济学

最常见的经济模型——循环流向图

该模型主要用来解释社会经济是如何组织起来的，如下图所示。

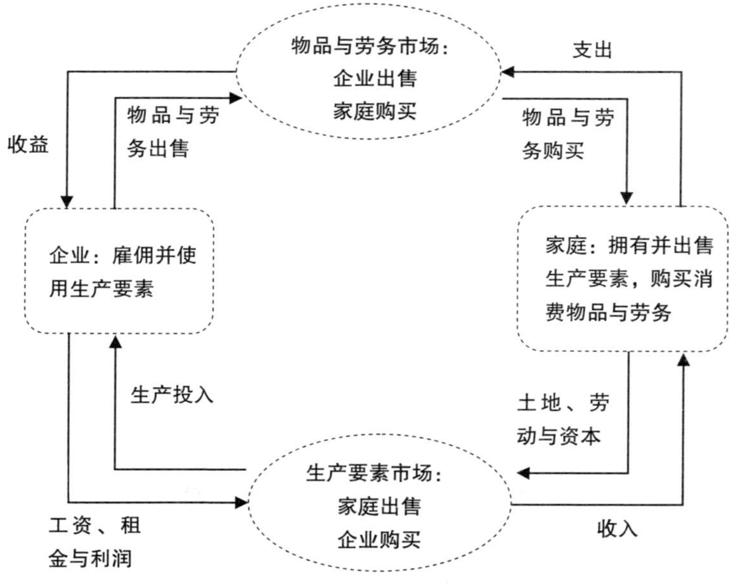

这个模型是经济组织的简要表述。在模型中，经济系统由两类决策者和两个市场组成。两类决策者是家庭和企业，两个市场为物品与劳务市场以及生产要素市场。在系统中，企业用劳动、土地和资本等投入来生产物品和劳务。这些投入被称为生产要素。家庭则拥有生产要素并消费企业生产的所有物品与劳务。

这个模型很好理解，我们通过跟踪在经济系统中从一个人手中到另一个人手中的 100 元钞票来看看循环流向。假设开始时你的钱包中有 100 元钞票，正巧你想吃比萨，你就可以拿这 100 元到经济系统中的一个物品与劳务市场，比如，你到离家最近的一家比萨店花掉了这 100 元。当这 100 元进入比萨店的钱柜时，它就成为企业的收益。但是，这 100 元会很快再次流动起来，比萨店的采购人员可能会用它在生产要素市场上购买面粉、土豆和西红柿，老板可能会用它支付房东租金或为工人支付工资。但不管在哪一种情况下，这 100 元又将成为某个家庭的收入，再次回到某个人的钱包里。

循环流向图揭示的就是这样一个生生不息的循环过程，只不过是将其简化了，但根本的经济思想并没有改变。所谓的经济模型大抵如此。

另一种常见经济模型——生产可能性边界

生产可能性边界表示在一定的生产条件下，企业或社会所能生产的物品的各种组合。通过这个模型，人们可以清晰地了解企业或社会的生产能力。

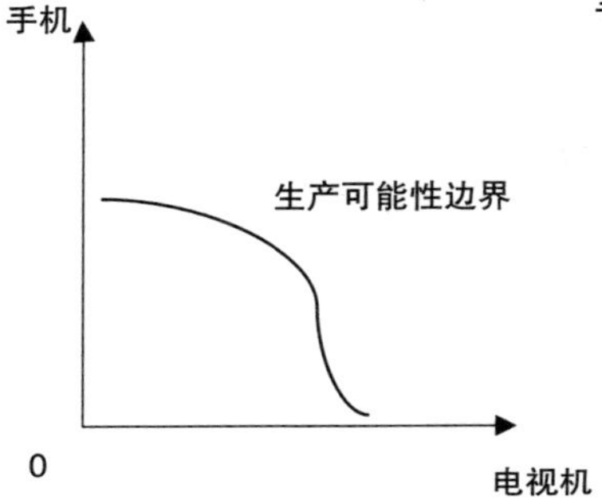

企业或社会的全部生产量只能是生产可能性边界上或边界线内的任何组合，边界外的生产量无法实现。(本图以社会只生产手机和电视机为例)

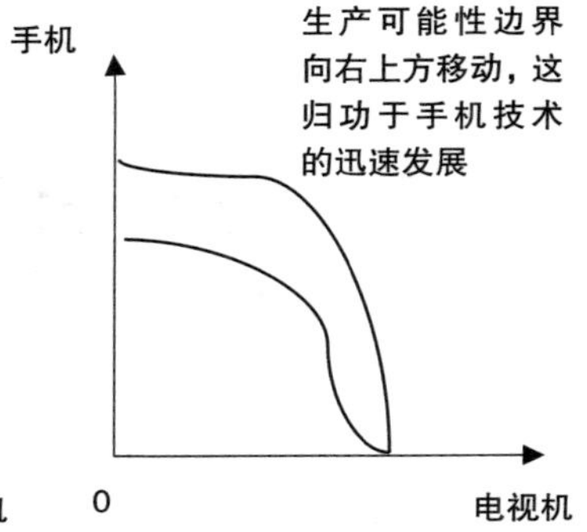

要想增加整个社会的生产量，最根本的办法就是提升技术。图中由于手机生产技术的进步，生产可能性边界向右上方移动

1.6 为什么说理想的社会要“人尽其才，物尽其用”？

回答这个问题之前，先要了解一个重要的经济学概念——帕累托最优。

帕累托最优状态

我们知道，经济学中的效率，是指资源被有效地利用以满足人们的各种需要。如果这种资源分配的状态，在不使任何人的境况变坏的情况下，也不能使至少一个人的处境变好，那么我们就认为达到了资源配置的最优状态，即“帕累托最优”。

这种状态，如果用通俗的说法，类似于“人尽其才，物尽其用”，是社会公平与效率的“理想王国”。

比如，有 5 个人在等同一辆公交车，车来了之后发现只能上一个人。如果 5 个人都上车，那么车上的其他乘客就会被挤到，利益受损；如果 5 个人都不上车，那么车上还有一个空位就是资源浪费；如果只有一个人上车，则这个人的境况变好，另外 4 个人以及车上的其他乘客的境况并没有变得更糟，即总福利增加了，而且资源也得到了充分的利用，这种状态就成为帕累托最优状态。

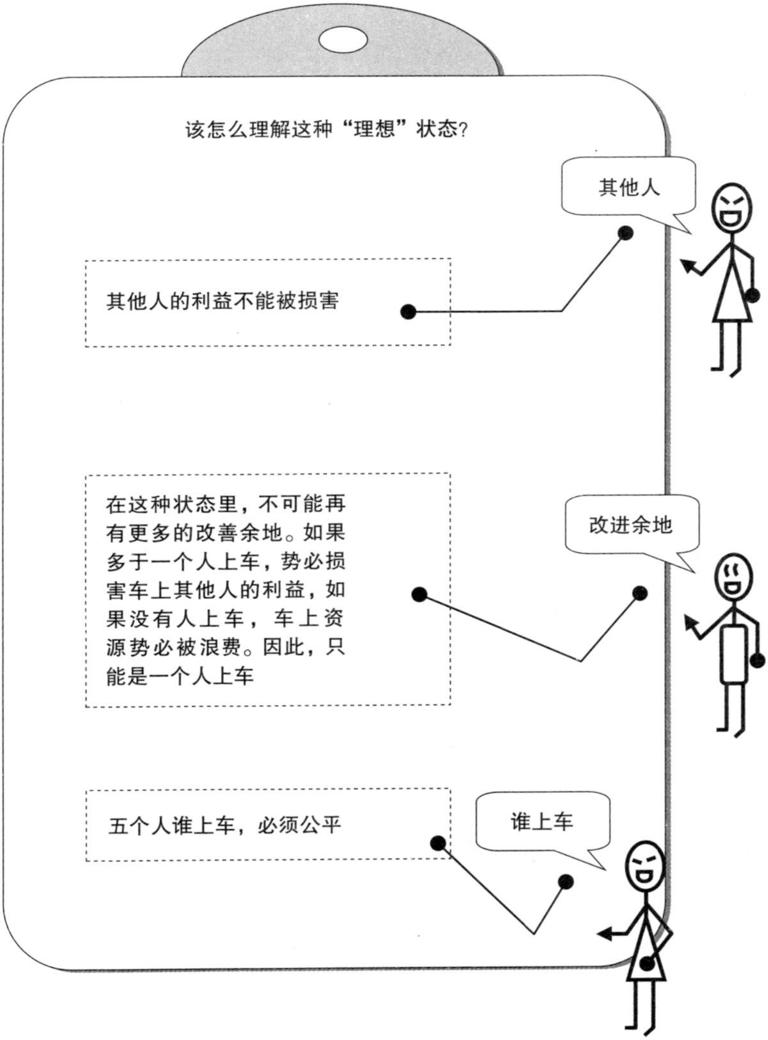
该怎么理解这种“理想”状态?
其他人
其他人的利益不能被损害
改进余地
在这种状态里，不可能再有更多的改善余地。如果多于一个人上车，势必损害车上其他人的利益，如果没有人上车，车上资源势必被浪费。因此，只能是一个人上车
谁上车
五个人谁上车，必须公平

请注意帕累托最优中总福利的思想，其追求的是尽可能将资源配置到更有效率的地方，以获得最大化的整体收益。而不是简单地以牺牲一部分人的利益为代价，去换取另一部分人的福利增加。例如，以污染环境为代价而取得的经济增长，或者通过降低员工薪资水平而获得的企业利润的增加都不能算是帕累托最优的状态。

帕累托改进

如果在资源既定的情况下，通过对资源配置状态的调整，可以使一些人的境况得到改善，而其他人的状态至少不会变坏，经济学里把符合这一性质的调整称为帕累托改进。

帕累托改进是达到帕累托最优的路径和方法。现实中，最常见、最有效的帕累托改进是制度变革。

●案例：家庭联产承包责任制

承包责任制的帕累托改进效应

1978 年我国农村实行的“包产到户”改革就是很典型的帕累托改进。
改革之前，农民生产积极性不高，勉强处于温饱状态，吃饭问题始终是一个困扰中国的大问题。
仅仅通过制度上的改革，将土地的使用权承包给农民，就大大激发了农民的积极性，使农业生产有了极大的飞跃。国家并没有增加其他额外的投入，人口的吃饭问题不仅没有因此受损反而获益。

1.7 幼儿园到底应不应该收取 10 元罚款?

经济学家在进行经济分析，尤其是提供政策建议时一定要考虑到人们的动机。

动机在日常生活中是普遍存在的，其实我们每个人都会从自己的动机出发来决定自己的行为。动机一般分为三类,即经济动机、社会动机和道德动机。

比如，很多人都会被商家的各种打折促销或者限时抢购活动所吸引，这就是经济动机；对于吸烟者而言，在公共场所张贴的各种禁止吸烟的规定则可以被看做一种强有力的社会动机；而将超市收银员不小心多找的 50 元退还给他就是道德动机。

案例：幼儿园的烦恼

小星星幼儿园的园长最近很头痛，虽然幼儿园已经明文规定家长们必须在下午 4 点将孩子接走,可是每天总有三五个家长迟到。那些迟到家长的孩子常常为此焦虑，而且作为幼儿园也必须至少留下一名老师等待那些迟到的家长，这可以说是额外的负担。

为了督促家长按时来接孩子，园长决定实行罚款制度，所有迟到超过 10 分钟的家长每次要为每个孩子支付 10 元，这笔费用会记入家长每月的账单。可没想到的是，在实行了这一制度之后，迟到的家长人数立刻激增到每天将近 20 人，园长更头痛了。

实施措施之前

每天 3~5 位家长迟到

？

实施 10 元罚款措施之后

每天近 20 位家长迟到

首先，10 元的罚款金额是很小的，如果幼儿园把罚款金额改为 100 元，相信迟到的情况会大为好转，但是这无疑会引发家长们的抱怨甚至投诉

更重要的是，幼儿园的罚款措施是在用 10 元罚金的经济动机来代替家长们迟到时所产生的罪恶感这种道德动机。家长们会认为幼儿园愿意为了 10 元而忍受自己的迟到，所以迟到也并不是什么大问题，只要支付 10 元，就可以轻松打消自己内心的罪恶感

现在的问题是，园长在看到上述情况之后，决定取消罚款制度，希望每天迟到的家长可以回到原来的数量。可结果却是，迟到的家长并没有减少，还是每天 20 人左右。他没考虑到的是，在家长们看来，既然迟到了又不用交罚金又没有罪恶感，为什么不迟到呢？

前面我们说过，经济学家一旦进入“政策顾问”的角色，就不可避免地要涉及价值观、道德、宗教等问题，就一定要考虑到

人们的社会道德动机，否则很容易“好心办坏事”，就像上面这位幼儿园园长一样。

经济学小贴士

如果你是这位幼儿园园长，你该怎么办？

1.8 为什么说学经济学最好懂点心理学知识？

经济学的基础是什么？

经济学研究离不开经济模型，经济模型离不开假设，而假设的本质是什么呢？实际上只是人们的一种心理状态。到了真实世界中，进行规范表述时，更需要考虑人们的心理。

实际上，经济学的基础实际上就是人们的心理。如果你想学好经济学，最好懂点心理学知识。下面是两个常见的心理学效应。

参照系效应

当我们的手离开热水放进温水时会觉得冷，当我们大热天刚从空调房里出来时，会觉得像走进火炉一样，这是物理学中的参照系。在行为经济学中，也有参照系这一基本概念，即人们会在对事物进行分析判断时，选取参照水平作为一个参考依据。大量研究表明，人们通常不会过多地留意所处环境的特征，而是对自己的现状与参照水平之间的反差更为敏感。

中国有句古话，“比上不足，比下有余”。同一件东西，只是换了不同的参照系，心理上的感受就大不相同。也许你觉得哈根达斯的冰淇淋已经很贵，和一块钱一根的冰棍比起来，让你不能眼都不眨一下就买下它；可是如果你知道纽约某餐厅新推出的一款巧克力圣代的售价是 2.5 万美元，可能就会觉得哈根达斯还是很具有亲和力的冰淇淋品牌了。

前景理论

2002 年的诺贝尔经济学奖颁发给了心理学家卡尼曼，他提出的前景理论在人们处于不确定情况下做出判断和决策方面具有突出的贡献。

这一理论包括三个重要性质，一是实际情况与参照水平的相对差异比实际的绝对值更重要，即参照依赖；二是等量的损失要比等量的获得对人们产生更大的影响，即损失厌恶；三是无论获得还是损失，其边际价值随其不断增大而减小，即敏感度递减。

以上所述太过理论化，孙惟微在他的《赌客信条》中将其归纳为 5 句话，如下图所示。

前景理论的简化版

① 确定效应

在确定的收益和赌一把之间，多数人会选择确定的收益，“二鸟在林，不如一鸟在手”，这就是确定效应

② 反射效应

在确定的损失和赌一把之间，人们往往选择赌一把，这是反射效应

③ 损失规避

白捡100元所带来的兴奋，难以抵消丢失100元所带来的懊恼，这是损失规避

④ 迷恋小概率事件

很多人都痴迷于彩票，尽管中奖的概率微乎其微，这叫迷恋小概率事件

⑤ 参照依赖

在“其他人年收入7万，我年收入8万”和“其他人年收入10万，我年收入9万”之间选择，多数人选择前者，这叫参照依赖

了解了上述两个经济学理论，我们就知道是什么在影响我们的理性判断，从而有意识地纠正这种偏差；当我们遇到生活中的一些看似难以解释的现象时，也就明白了其背后的原因。

正因为经济学的基础实际上是人们的心理，现在的经济学研究越来越重视心理学的引入，由此诞生了一门新的学科——行为经济学。

第2章 曼昆的经济学十大原理

N·格里高利·曼昆是全球闻名的经济学家，哈佛大学经济学教授。其著作《经济学原理》以通俗易懂的语言、生动形象的案例向经济学入门读者诠释了经济学的基本理论。在这本著名的教科书中，曼昆提出了著名的“经济学十大原理”。这十大原理不但是微观经济学的基础，也是宏观经济学的重要经济理论。

2.1 鱼和熊掌不可兼得

曼昆的经济学十大原理，前四个原理都是描述个人决策的。其中第一个原理是，人们面临权衡取舍。如果用一句俗语概括，那就是："鱼与熊掌不可兼得。"

对这个原理，我们可以从两个方面加以阐释。

资源的稀缺性

资源的稀缺性可以说是经济学的研究前提。

所谓稀缺性，是指社会拥有的资源是有限的，不能生产人们希望拥有的所有商品和劳务。个人不可能得到每一件想要的东西，社会也不能给每个人最高水平的生活。

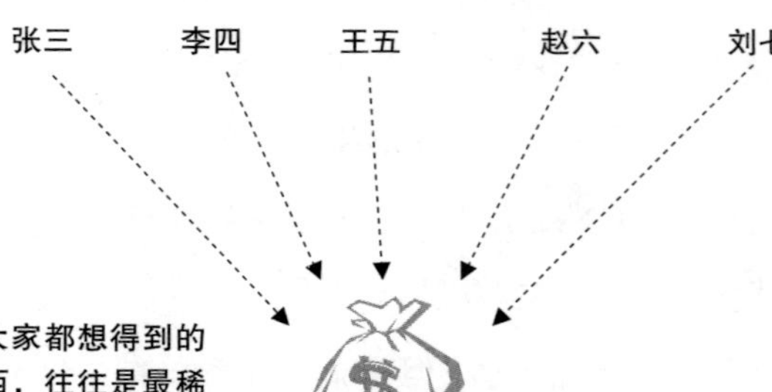

●大家都想得到的东西，往往是最稀缺的

资源稀缺下的个人决策

在资源稀缺的条件下，个人需要进行各种决策。为了得到我们喜爱的一件东西，我们通常不得不放弃另一件我们喜爱的东西。面对形形色色的产品、服务，去做什么，得到的回报怎么用，买什么食品，买什么家具电器等，个人都需要进行决策，进而合理配置自己的资源。

通过对各种各样的事情进行选择与决策，个人按照自己的意愿使手中的资源合理分配。

每一次的决策都是一次个人资源的分配过程

经济学研究的是社会如何管理自己的稀缺资源。社会中的所有人都需要配置自己的资源，归总之后就形成了社会资源的配置。

经济学家首先研究个人如何做出决策，包括他们如何工作、如何购买、如何储蓄和投资等。由此，经济学家研究交易的过程、商品和劳务的价格变化。最终，他们借此揭开整个社会经济变化的秘密，并找到调节经济的手段。

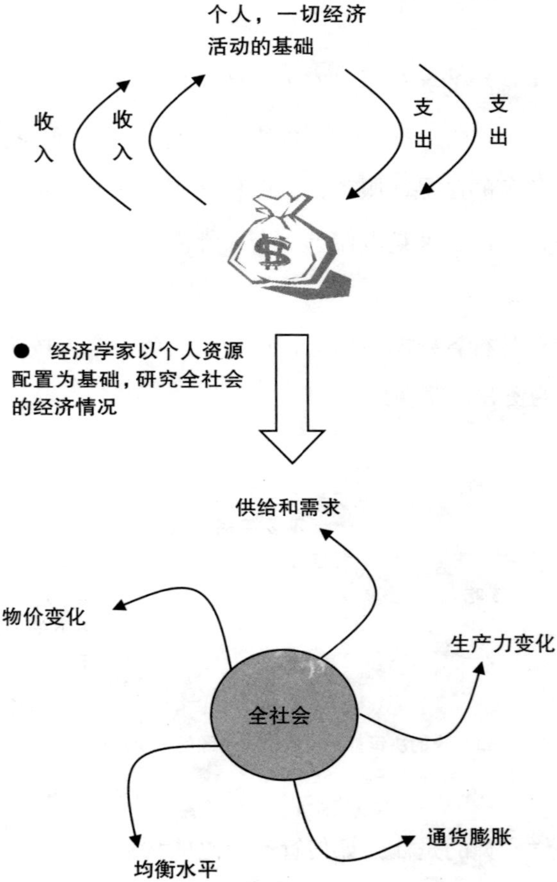
个人，一切经济活动的基础
收入
收入
支出
支出
● 经济学家以个人资源配置为基础，研究全社会的经济情况
供给和需求
物价变化
生产力变化
全社会
均衡水平
通货膨胀

效率与平等的取舍

不但个人选择鱼与熊掌难以兼得，社会也面临着一种艰难的权衡取舍——效率和平等。

效率是指一个社会能从稀缺资源的使用中得到最多的产品；平等是指将这些稀缺资源的成果公平地分配给社会成员。也就是我们通常所说的“做蛋糕”和“分蛋糕。”政府在制定公共政策的时候，这两个目标往往是不一致的。

经济学小贴士

人们面临着权衡取舍，这并没有直接告诉我们，人应该做出什么决策。例如，社会不应该仅仅由于环境控制而降低我们的物质生活水平，但也不能不保护环境。总之，只要是人，都要面临这个困境。了解了这点才能做出正确的决策

2.2 有得必有失

由于人们面临着各种权衡取舍，鱼与熊掌无法兼得，所以做出恰当的决策必须比较可供选择之间的成本与收益。

这就引出了十大原理中的第二个原理：某种东西的成本是为了得到它所放弃的东西，俗称“有得必有失。”

什么是成本?

成本是为了达到一定目的而付出的或者应付出的价值牺牲。这样说很拗口。举个例子，比如你专门去商店买件衣服，对于你来说其成本除了买这件衣服所花的钱，还要包括你去商店的交通费，你逛街累了喝杯饮料、吃顿午饭的钱，因为这些都是你为了买这件衣服所花费的。

机会成本

上文所说的成本是直接的、已经发生的成本。但微观经济学里所说的成本通常并不是这样，而是机会成本。因为任何资源都有很多种用途，将一种资源投入到一种用途上，就意味着要放弃其另外的用途。经济学里的机会成本，就是由于做一件事情而放弃的做其他事情中价值最大的那个价值。

举个例子，比如王教授如果在大学任教，年收入是 10 万元，如果他放弃大学教师的职位下海经商，年收入是 15 万元，维持经营所需的费用，包括原材料、工人的工资、纳税等加起来总共是 10 万元。

成本	机会成本
下海经商的成本是 10 万元 经商的利润是 15 − 10 = 5（万元）	下海经商有 5 万元利润，但因此放弃了在大学任教每年 10 万元的收入，这 10 万元就是机会成本，这样算来，下海经商不仅没有收益，反而倒亏 5 万元

也就是说，以经济学的思维方式来看，在一定时期内、一定条件下，稀缺的资源只有被配置到唯一的项目上才是有利可图的，而这唯一的项目应该是收益最高的那个。

因此，我们做事情要考虑机会成本，不要只看着因为做这件事得到了什么，更要想想因为做这件事失去了什么，如果失去的比得到的还多，那么这件事就不值得去做。

2.3 多个人多双筷子

生活中的选择既有黑与白的选择，也有一种“增量”的选择。比如吃饭的时候，你的决策既可能是在麻辣烫和快餐之间的选择，也有可能是“是否再多吃一勺土豆泥？”

这就是第三个经济原理：理性人考虑边际量，俗称“多个人多双筷子”

什么是边际？

“边际”原是一个数学概念，用来衡量自变量变动所引起的因变量的变动的关系。直到19世纪70年代边际效用学派出现，边际理论才被吸收进经济学中，成为一种广泛流传的经济学主流思想。

边际效用递减规律

经济学里的边际效用递减规律是指不断地增加对某种商品的消费，其所增加的效用越来越少。也就是说，对于相同比例的自变量的增加量，因变量的增加量会越来越小。

比如，陈佩斯的小品《吃面条》中，他吃第一碗面条时狼吞虎咽，吃第二碗面条时还是觉得很香，但是吃到第三碗时就有点勉强，到第四碗时就吃不下了，随着单位面条数量的增加，其带来的单位效用反而逐渐减少。

经济学小贴士

边际效用递减是对于同一种物品的数量增加而言的，即其满足的是人的同一种需要。比如同样的一套瓷器，如果是从生活实用的角度，有一套就够了。但如果从人的别的需要出发，例如艺术欣赏、馈赠亲友等角度，其又可以带来不同的效用

边际收益递减规律

与边际效用递减规律类似，边际收益也是递减的。例如，1 亩地由 1 个农民耕种时收获 1000 斤稻米，2 个农民耕种时收获 1800 斤稻米，3 个农民耕种时可能只收获 2000 斤稻米，随着农民投入的单位劳动力的增加，其带来的单位产量却逐渐减少。

当然，稻米的产出除了农民的劳动，还需要土地、阳光等自然资源的综合作用，但是仅仅就农民投入的劳动力这一个要素来看，也可以说其边际收益是递减的。

边际决定规律

有了边际效应的概念，我们可以认为上面这个例子中，第一个农民的产量是 1000 斤，第二个农民的产量是 800 斤，第三个农民的产量是 200 斤，那么，每个农民的产量是多少呢？

可能你的第一反应是（1000 + 800 + 200）÷3，认为每个农民的产量是平均数。如果这样算就是把全部的收益都分给了农民，而这全部的收益里还包括土地等自然资源的贡献。

从经济学的角度，农民的产量只能以其劳动力的贡献为依据，而决定这一数据的是最后一个农民的边际产量，即 200 斤。为什么是以最后一个而不是以第一个农民的产量为依据？因为如果让他们两人换换，那么第一个农民的边际产量也只有 200 斤。

决定所有人产量的并不是平均数，而是最后一个人的产量，这就是边际决定的原理。

一个边际决定的故事

一个农民有四袋粮食，他按照用途的重要性将其从大到小排序：
第一袋，最重要，用于缓解饥饿；
第二袋，用于增强体力，吃得多才能长得壮；
第三袋，用于养鸡养鸭，这样就有肉吃了；
第四袋，用于酿酒，这样就有酒喝了

假设他要去集市上将这四袋粮食卖掉，如果分别卖掉，按照效用来定价，第一袋他会卖 100 元，第二袋卖 80 元，第三袋卖 60 元，第四袋卖 40 元
如果他要一次性卖掉这四袋粮食，每袋的价格应该是一样的，是多少呢？

假设他不慎弄丢了一袋粮食，对于他来说，相当于丢了多少钱呢？
只剩三袋粮食时，他会放弃酿酒这一效用，而这一效用换算成货币为 40 元。也就相当于他丢了 40 元
但问题在于，这四袋一模一样的粮食中哪一袋才是“第四袋”呢？对此，他可以认为是这四袋粮食中的任何一袋，也就是说，当他有四袋粮食时，每袋对于他只值 40 元
假设他不慎又弄丢了一袋，同理类推，对于只拥有三袋粮食的他而言，每袋都值 60 元……
所以，无论什么时候，都是最后一袋决定每袋的价格，这就是边际决定

2.4 激励可以让人更听话

由于人们通过比较成本与收益来做出决策，因此一旦成本或收益发生变动，人们的行为势必也会改变。这就是十大经济学原理中的第四个：激励可以让人更听话。

这个道理很好理解。例如，当橘子的价格上涨时，人们就会多吃苹果少吃橘子，因为吃橘子的成本变高了。经济学家对这个道理了然于心，在担当政策咨询角色时，尤其不能忽视激励的作用。

通过激励可以调整人们的成本、收益结构，进而达到政策目标。这种经济学的思维模式可以用在生活的方方面面。

无法“坚持”的经济学原理

我们大家都知道，只要从点滴小事做起，不断努力、不断积累，最后一定能获得大的成就。可是，虽然我们知道这个道理，却常常难以坚持不懈。如果从经济学的角度探究这其中的原因，那就是人们难以在付出努力之后立刻看出自己努力的结果，只感觉到努力的辛苦，也就是缺乏成果报酬；这样，在实现的过程中，努力的欲望和信心会越来越弱，最后干脆放弃了。

长期信赖关系的建立

在我们的人际关系中，也需要成果报酬的激励。就像商店给消费者发积分卡，只要固定在店里消费，消费金额可以转换为相应的分数，积累到一定程度就可以转换为代金券或礼品。这一方法其实是通过可见的成果激励消费者对商店的忠诚，以此建立商店和消费者之间的长期信赖关系。

建立长期信赖关系的关键在于实施附加条件的奖惩策略，即如果对方按我们的希望去做，我们承诺将来会给他奖励。当然，要想使这一策略有效运作，就必须保证将来能够兑现这些承诺。

这方面的典型例子莫过于招投标过程中的买方合谋，即参与竞标的各买方之间建立起一个长期的相互信赖的关系，彼此之间私下协商，通过价格的不竞争，保证中标者可以以低价中标，至于谁为中标者也是事先商量决定的，对于在这次投标中失去中标机会的企业，彼此间承诺会让其在下次投标中胜出，有了这样的承诺，买方间的合谋便可以达成。

当然，私人间的长期信赖关系并不能仅仅靠这种带有附加条件的承诺，因为，很明显这种承诺中强调了利益的兑现。不过，这给了我们一个经营长期人际关系的思路。同时，也可以进一步理解孔子所说的“以直报怨，以德报德”。孔子认为，对于别人的恩德我们应该以同样的德行去回报，这可以看作是正激励；而对于别人的不端行为，我们要以公证、率直、磊落的态度去面对，利用法律武器解决，这可以看作是负激励。

●案例：刘备三顾茅庐

诸葛亮为什么答应刘备出山

刘备三顾茅庐请诸葛亮出山。从此，诸葛亮殚精竭虑，最终帮助刘备建立了蜀汉王朝。

智者诸葛亮为什么会答应一个毫无实力的人的邀请?

当然，诸葛亮为刘备的诚意所感动，但仅此还不足以建立两人日后长久的信赖关系。从诸葛亮的角度来看，他并非不计报酬地辅佐刘备，而是因为刘备向他展示了一幅足以实现其宏图大志的蓝图，并热心、真诚地向其承诺了最高的待遇。由于承诺了这种长期的报酬，并逐步兑现，成为一种长期的激励，也促进了诸葛亮与刘备之间长期信赖关系的良性循环。

2.5 贸易能使每个人状况更好

前四个原理讨论的都是个人决策问题。实际上，每个人在生活中，其决策不仅影响自己还会影响他人。接下来三个经济学原理是关于人们如何互相交易的，其中第一个原理就是：贸易能使每个人状况更好。

分工、专业化和贸易的好处

经济学鼻祖亚当·斯密曾经在其著作《国富论》中分析过分工和专业化带来的好处。具体说来就是每个人劳动技能的提升，社会整体生产效率和国民福利的提高。

尽管分工和专业化导致人们的生活资料不能自给自足，例如，牧民只能生产牛羊肉、牛羊奶等产品，农民只能生产大米，但人们可以通过贸易来互通有无。这样一来，牧民可以用自己的牛羊去交换自己需要的大米，而农民也可以用大米去交换自己所需的牛羊肉、牛羊奶。这一切都由一双“看不见的手”在背后主导着。通过贸易，每个人的福利都得到了改善。这就是贸易优化原理。

我们已经了解了贸易优化原理，贸易会使每个人的状况更好。但现在将假设改变，农民既可以种粮食又可以养羊，牧民既可以养羊又可以种粮食，那么他们之间还需要贸易吗？

答案依然是肯定的。贸易可以让农民和牧民获益。

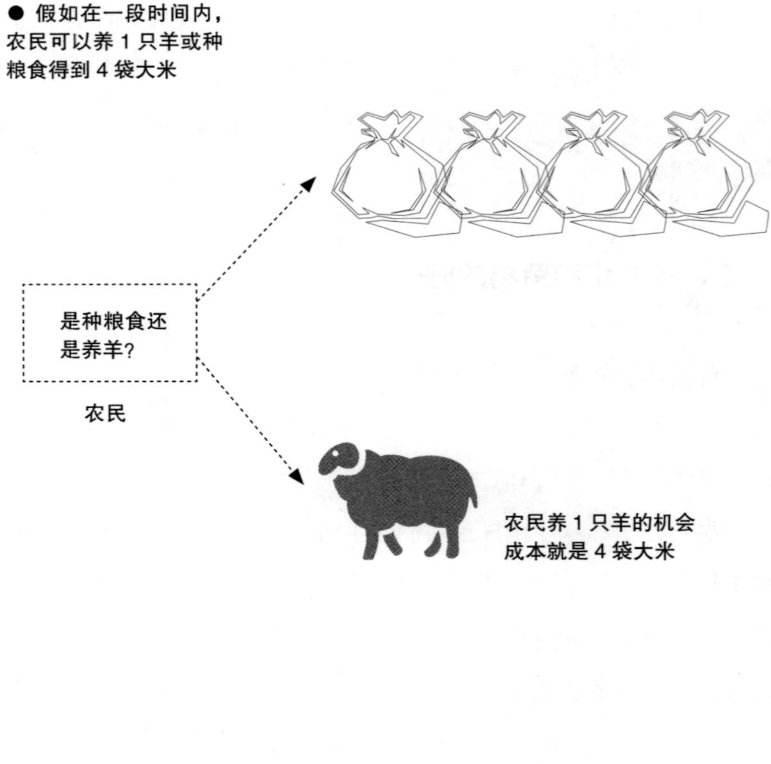

假设与此同时，牧民用相同的时间可以生产 2 只羊或 2 袋大米，那么牧民养 1 只羊的机会成本就是 1 袋大米。可见，牧民养羊的机会成本更低，效率更高。那么农民和牧民应当进行贸易，农民用粮食换牧民的羊。

● 假如在同样的时间，牧民可以养 2 只羊或种粮食得到 2 袋大米

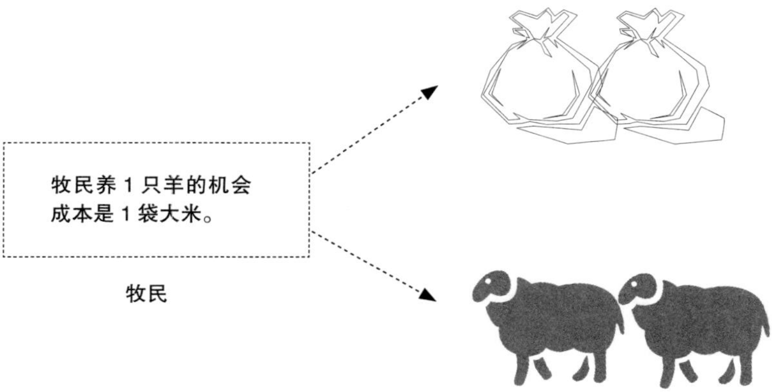

双方进行贸易，牧民用 0.5 只羊换 1 袋大米，那么双方都可以获益。最终，农民和牧民都有 3 袋大米和 1.5 只羊。

● 牧民用 0.5 只羊换 1 袋大米，那么双方的收获都得到了提升

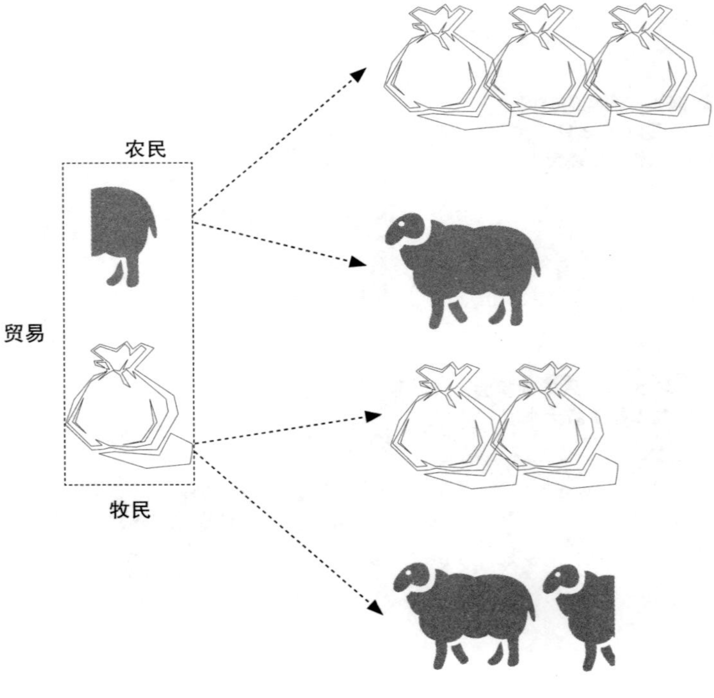

比较优势

比较优势是指生产一种产品的机会成本较低。如果一个国家

生产一种产品的机会成本低于他国，则这个国家在生产该种产品上就拥有比较优势。

一国应当与其他国家进行贸易，用具有比较优势的产品换其他产品,这样两国都会获益。假设美国和日本同时生产汽车和电脑，美国一小时可以生产 2 台汽车或 4 台电脑，日本一小时可以生产 1 台汽车或 1 台电脑，美国在生产两种商品上都有优势，而日本在生产汽车上具有比较优势（日本生产 1 台汽车的机会成本是 1 台电脑，而美国是 2 台）。那么美国仍然应该从日本进口汽车，而将电脑出口给日本。

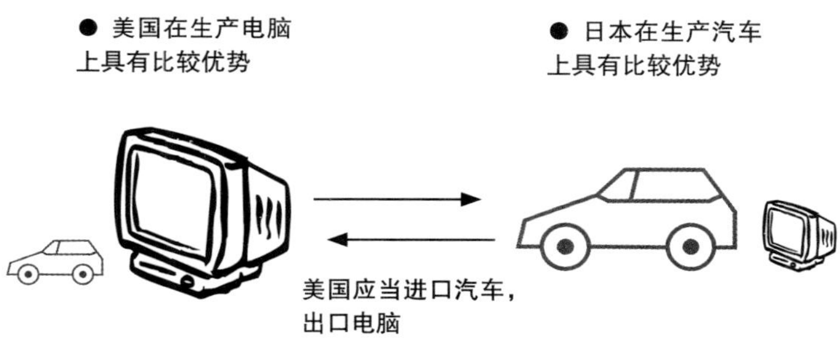

比较优势陷阱

比较优势陷阱是针对初级产品和劳动密集型产品的出口国来说，虽然拥有比较优势，但是在与以技术和资本密集型产品出口为主的国际贸易中处于不利地位。这一方面表现为初级产品的附加值低，价格的需求弹性小，贸易条件恶化；另一方面表现为以初级产品和劳动密集型产品为自身比较优势的出口国，在技术创新方面只能依赖发达国家，无法发挥后发优势，自主创新能力长期得不到提高。

经济学小贴士

作为一个后发国家，该如何避免比较优势陷阱？

2.6 市场经济是种好手段

曼昆经济学第六大原理是：市场通常是组织经济活动的一种好方法。

市场经济原理

市场经济是指众多个人和企业在市场上相互交易，市场自然而然地将资源进行配置。

市场经济原理是指市场通常能很好地组织经济活动，资源通常可以得到有效的配置。例如篮球运动员的工资比保龄球运动员高，是因为人们愿意为欣赏篮球比赛付出的钱比看保龄球比赛更多。这样一来，势必有更多的运动员选择去打篮球，社会资源更多地配置到篮球运动中。

在市场经济中，市场决策掌握在千百万企业和家庭手中。企业决定雇佣谁和生产什么，家庭则决定自己为谁工作，以及用自己的收入买什么。这些企业和家庭在市场价格和个人利益的引导下做出决策，相互交易。

个人与社会的关系

在市场经济中，个人与社会的福利变化是一个“谜”。在这套体系中，企业和家庭，没有一个追求社会的经济福利。参与物品和劳务买卖的所有人，关注的都是自己的福利。尽管是分散的决策和千百万利己的决策者，但过去数百年的历史已经证明，市场经济在促进社会整体福利增长方面是非常成功的。

“看不见的手”——价格

在市场经济活动中，家庭和企业都被一只“看不见的手”所指引，价格就是这只“看不见的手”。它既反映了一种商品的社会价值，也反映了生产该商品的社会成本。不管是家庭还是企业，在决定购买什么和卖出什么时都要关注价格，所以他们在不知不觉中考虑自己行动的成本与收益。结果，价格就像一个牵引器，牵引着市场经济的参与者在大多数情况下实现了整个社会福利最大化的结果。

“看不见的手”被“扭曲”

“看不见的手”能通过价格自发调整资源的配置，当政府有意或无意地阻止供求自发调整时，市场经济“看不见的手”协调千千万万家庭和企业的能力便被抑制,经济便会出现相当的“扭曲”。

2.7 “看不见的手”需要政府的保护

在通常情况下，众多个人和企业在市场上相互交易，社会资源自然而然地得到有效配置。例如，如果蓝领工人的工资比白领工资高，人们自然会更多地选择培养蓝领技工的学校，许多资本便会往这一领域投资。

有时市场经济也会出现问题，这就形成了市场失灵。市场失灵是指市场自身不能有效地配置资源，这就需要政府这只“看得见的手”出面干预。这就是十大原理之七：“看不见的手”需要政府的保护。

政府干预可以解决市场失灵问题

政府干预是指政府可通过一些手段解决市场失灵问题。例如，通过法律和行业法规，使市场行为得到规范；通过对排污企业制定惩罚措施，使污染得到控制；通过制定行业政策，使非法垄断市场的行为得到制止。

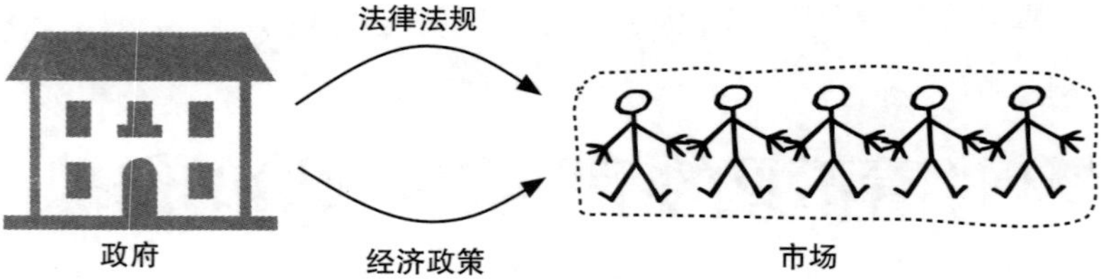

下面是 3 种可能产生市场失灵的情况以及政府的干预手段。

1. 秩序问题 ⇒ 参与者不遵守秩序导致市场混乱。例如在饭店吃饭不给钱。政府通过法律法规维持经济秩序，解决此问题

2. 势力问题 ⇒ 假如个人势力足够强大，他就可以控制市场价格，导致市场自身的调节机制失灵。政府通过反垄断措施解决势力问题

3. 外部问题 ⇒ 外部问题是指个人的行为对他人福利的影响。例如企业排污影响了大众的健康。政府通过增加税收等措施控制外部问题

政府必须出手

促进效率，安定社会

政府干预可以更公平地分配经济成果

政府除了预防市场失灵，还能更加公平地分配经济成果。市场"看不见的手"根据人们生产其他人愿意购买的东西的能力来给予报酬。这虽然能保障效率但并没有保证每个社会成员都有充足的食品、医疗和安全。政府出台许多公共政策，例如所得税政策和社会福利制度，其目标就是为了实现更加平等的经济社会环境。

但大家需要明白的是，政府有时可以改善市场结果但并不意味着它总能这样，原因如下图所示。

1. 政府政策并非天使制定，而是不完善的政治程序运行的结果

2. 政策制定的目的可能并不单纯，只是利益集团运作的结果

3. 政策动机良好但信息可能不充分，导致不能起到应有的作用

4. 政策在执行过程中可能被扭曲，在发展中国家比较常见

⇩

学习经济学的重要目的：帮你判断什么时候政策能起到应有的作用，什么时候起不到作用，从而有的放矢

2.8 生产能力决定了生活水平

前面我们所介绍的七个经济学原理都是个人和企业的互动，所有这些决策和交易共同组成了“经济”。

在整体经济的视野下，一国的生活水平取决于该国生产物品和劳务的能力。这就是曼昆经济学的第八大原理。

生产率水平

亚当·斯密在《国富论》中详细分析了导致国民富裕的诸多因素，最终认定一国居民的生活水平取决于国内生产物品和劳务的能力。这种能力可以用生产率水平进行衡量。对各国来说，这是一个重要的经济思想。

生产率和生活水平的关系

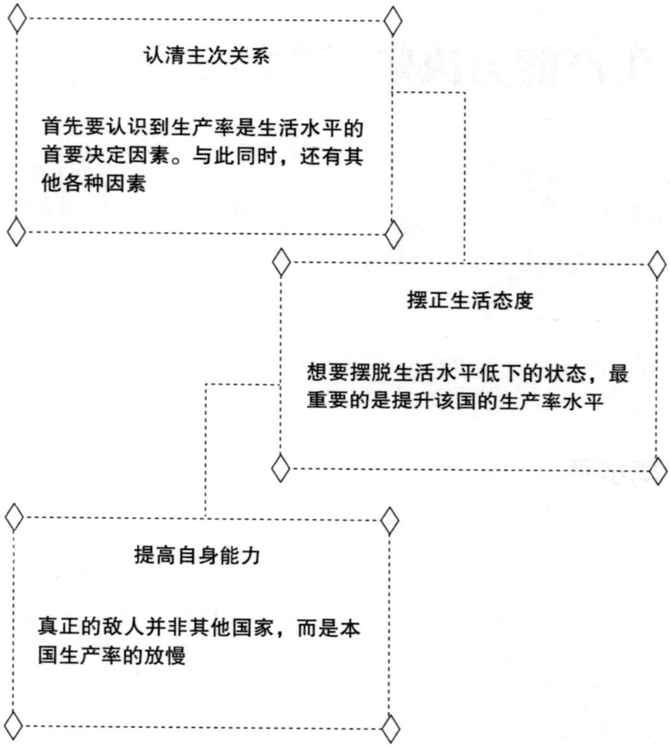

对公共政策的影响

在考虑一项公共政策如何影响国民的生活水平时，关键问题是考虑这项政策对一国生产率水平的影响程度。为了提升国民的生活水平，政府决策者要让国民受到良好的职业教育，拥有生产物品和劳务所需要的工具，以及不断进行技术创新。

2.9 钱越多，物越贵

关于整体经济的第二大原理是当政府发行了过多的货币时，物价上升，俗称通货膨胀。

通货膨胀的定义

通货膨胀是指流通中的货币量超过实际需要的货币量，进而出现物价上涨、货币贬值的现象。

货币是交易的媒介，是为实体经济服务的。理想的情况是，货币发行的增长率应该与国内生产总值增长率保持同步

2008 年，为应对美国次贷危机的冲击，中国政府推出了四万亿的经济刺激计划。事后，据有关专家统计，四万亿再加上地方政府的配套计划，流通中的货币量远不止四万亿。由于货币超发和货币时滞的影响，中国在接下来的几年内出现了不同程度的通货膨胀

第一次世界大战后，德国魏玛政府为偿还巨额战争赔款超发货币，造成严重通货膨胀，迄今仍让德国人心有余悸

经济学里关于通货膨胀的严格定义是价格总水平的上升。注意，通货膨胀不是个别商品的价格上升，也不是很多商品的价格上升，而是几乎所有商品的价格都出现上涨，并且持续一段时间

产生通货膨胀的原因

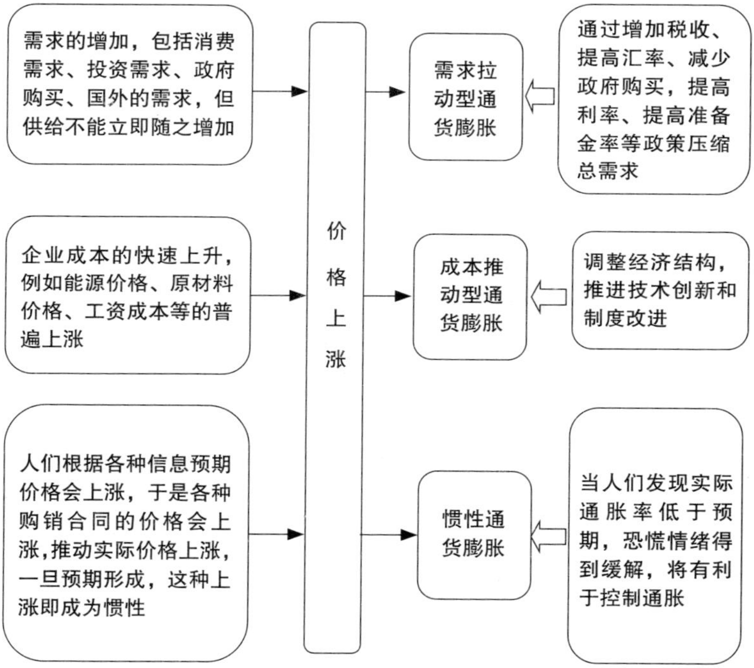

需求的增加，包括消费需求、投资需求、政府购买、国外的需求，但供给不能立即随之增加
企业成本的快速上升，例如能源价格、原材料价格、工资成本等的普遍上涨
人们根据各种信息预期价格会上涨，于是各种购销合同的价格会上涨，推动实际价格上涨，一旦预期形成，这种上涨即成为惯性
价格上涨
需求拉动型通货膨胀
成本推动型通货膨胀
惯性通货膨胀
通过增加税收、提高汇率、减少政府购买，提高利率、提高准备金率等政策压缩总需求
调整经济结构，推进技术创新和制度改进
当人们发现实际通胀率低于预期，恐慌情绪得到缓解，将有利于控制通胀

2.10 要么通胀，要么失业

关于整体经济的第三大原理是，社会面临通货膨胀与失业之间的短期权衡取舍，简称“要么通胀，要么失业”。

在凯恩斯之前，面对经济危机和大面积的失业率，人们倾向于“等待”，等市场自动恢复平衡

面对 1929 年的超级经济危机，凯恩斯认为消除或降低失业率最简单易行的方法就是实施积极财政政策，政府直接出手，增加社会生产投资，或者通过制定政策，引导私人部门进行投资，从而扩大总需求，刺激生产

生产的扩大和需求的增加在某种程度上刺激企业扩大生产，从而降低了失业率。战后世界各国在不同程度上都认同并采用这一经济策略

凯恩斯的药方并非“万灵丹”，财政政策和货币政策如果运用不当，货币一旦超发，势必引起通货膨胀。所以，通货膨胀和失业率之间存在着短期的权衡取舍

说明通货膨胀和失业之间短期权衡取舍的曲线被称为菲利普斯曲线

经济周期与菲利普斯曲线

通货膨胀和失业之间的取舍并非一成不变，而是暂时的，通常这种关系会持续好几年。在分析、理解经济周期问题时，这种关系以菲利普斯曲线的方式存在，是理解经济中许多发展问题的关键。

政策工具

在实践中，经济决策者会运用各种政策工具来对通货膨胀和失业率进行调节。例如，政府支出量、税收征收量和货币发行量。这些市场工具具有很大的市场潜在力量，决策者如何运用这些工具来调控经济一直是个颇有争议的问题。

第3章 供给与需求理论

市场，乍看上去人群汹涌、凌乱异常，无数个体消费者和个体企业为了各自的利益而行动。但让人惊讶的是，在一只“看不见的手”的驱使下，种类繁多且数量巨大的物品和劳务被及时生产出来。可以说，市场就是一台有着自身逻辑体系的精密机器。而这台机器最基本的逻辑就是供给与需求理论。

3.1 为什么物价会变动不停？

物价变动与供需都有关系，但最直接的因素通常是需求的变化（因为供给短期内难以出现巨变）。那么问题就出现了：在经济学上，什么是需求？影响需求的都有哪些因素呢？

需求及影响因素

一种商品的需求是指消费者在一定时期内在各种可能的价格水平下愿意购买的商品数量。

影响某种商品需求的因素很多。除了商品自身的价格以外，还有下面 4 项因素影响商品需求。

影响商品需求的因素

1. 消费者的收入

一般来说，在其他条件不变的情况下，消费者的收入越高，对商品的需求越多。相反，消费者的收入越少，则对商品的需求越少

2. 消费者的偏好

当消费者对某种商品的偏好程度增强时，对该商品的需求数量就会增加。相反，当偏好程度减弱时，需求数量就会减少

3. 相关商品的价格

当一种商品本身的价格不变，而和它相关的其他商品的价格发生变化时，这种商品的需求数量也会发生变化。例如牛肉和猪肉，牛肉价格的提高将引起猪肉需求的增加

4. 消费者的价格预期

当消费者预期某种商品的价格在将来会上升时，就会增加目前的需求；当消费者预期某商品的价格在将来会下降时，就会减少对该商品的需求

需求曲线

现在我们只考虑价格和需求两项要素，可做出需求曲线。需求曲线表示市场在每一价格水平下所需求的商品数量，是当其他条件相同时，在每一价格水平上买主愿意购买商品量的曲线。

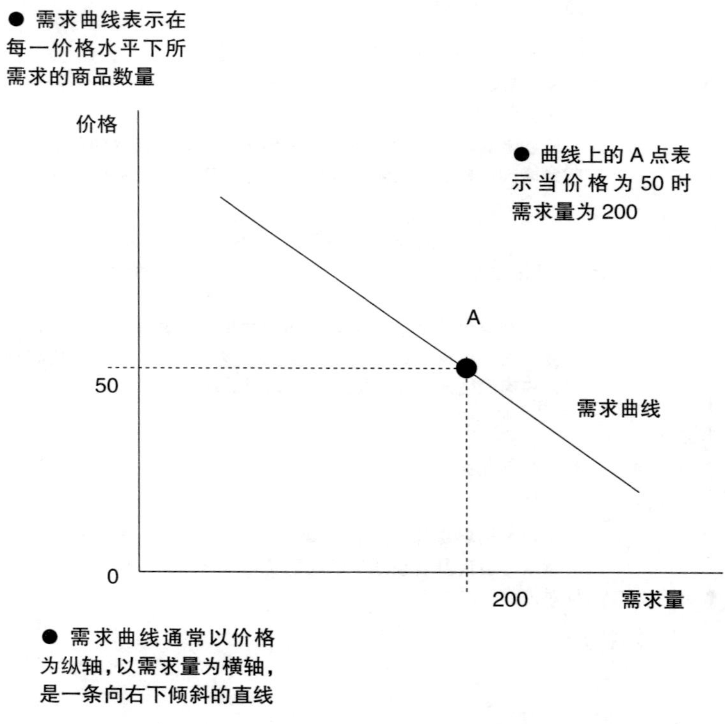

需求曲线不一定总是直线，也可以是其他形状。不变之处在于需求曲线总是向右下方倾斜的。

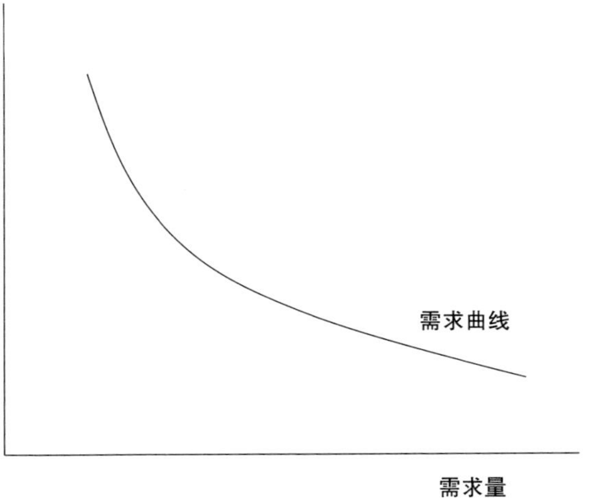

● 需求曲线也可以是其他形状

由需求曲线可以清楚地看出，需求与价格存在一种负相关的关系，每当价格下跌，需求量就会上升。

3.2 怎样增加城市出租车数量？

一些城市的“打车难”问题始终无法解决，这就涉及经济学的供给理论。

供给及影响因素

一种商品的供给是指生产者在一定时期内在各种可能的价格水平下愿意提供的商品数量。

影响供给的因素很多。下面是常见的影响供给的 5 种因素。

影响商品供给的因素

1. 产品自身价格

一般来说，一种商品的价格越高，产量越小。反之，商品的价格越低，产量越大

2. 生产成本

在价格不变的情况下，生产成本上升会减少利润，使供给量降低；反之，成本下降会增加利润，使供给量增加

3. 生产技术水平

生产技术水平的提高可以降低成本，增加生产者的利润，会使产量增加

4. 相关产品价格

相关商品价格变化，商品的供给数量也会发生变化。例如小麦价格上升而玉米价格不变，人们更愿意种小麦，玉米就会减产

5. 生产者价格预期

如果预期未来商品价格上涨，生产者会增加产量，供给得到增加；如果预期未来商品价格下降，生产者会减少产量，供给就会减少

供给曲线

供给曲线表示在每一价格水平下商品的供给量。

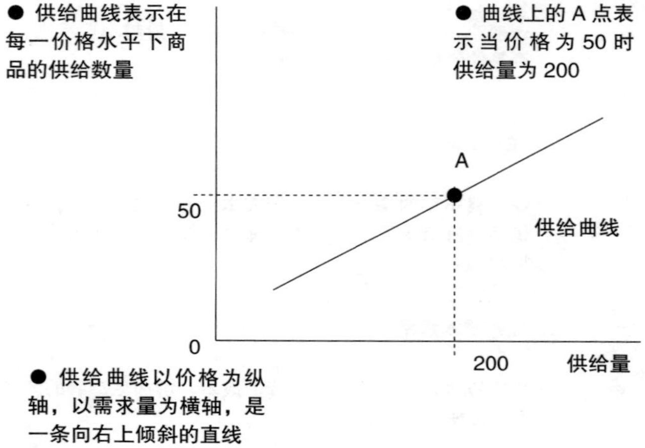

供给曲线不一定总是直线，也可以是其他形状。供给曲线总是向右上方倾斜的。

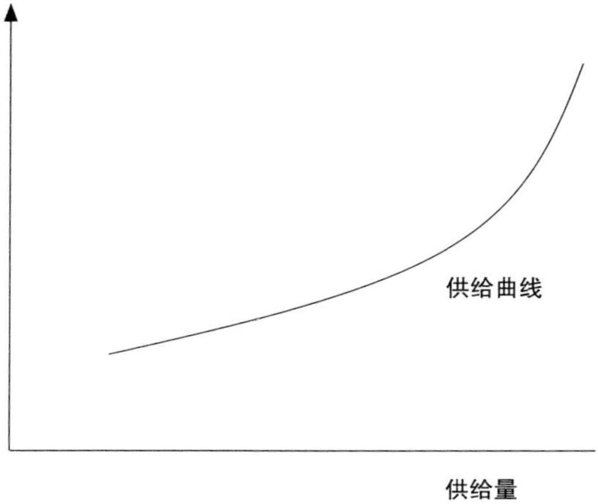

● 供给曲线也可以是其他形状

如何增加出租车数量

平时我们会有打不到出租车的问题。那么根据供给曲线，我们如何增加出租车的数量呢？可以使用下面两种方法。

第一种方法是对运营者进行补贴。政府增加对出租车的运营补贴，提高运营者收益，这样出租车的供给量也会提高。在供给曲线上，更高的价格对应的是供给量的增加。

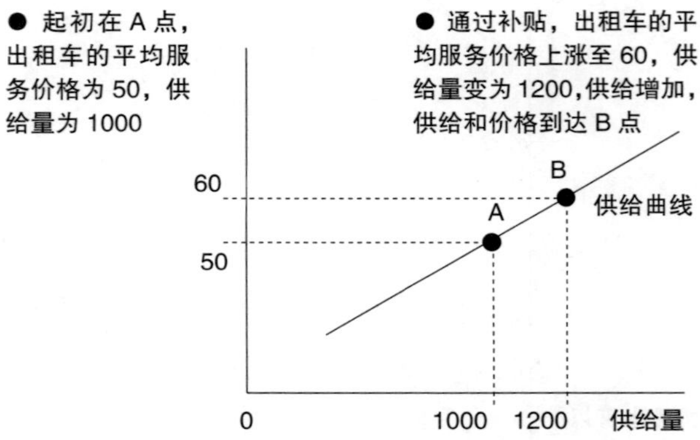

第二种方法是对出租车公司进行宣传，倡导积极提供出租车服务。通过宣传，在同等服务价格下运营商愿意提供更多的出租车服务，这会使得供给曲线右移。

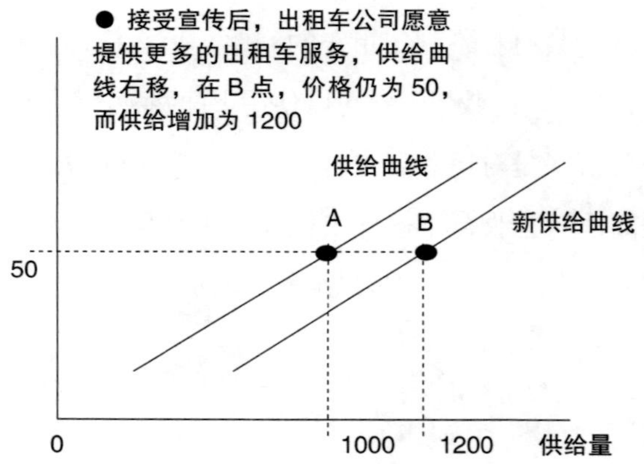

3.3 为什么商家愿意“大放血”？

每年的“双 11”以及春节，无数商家都在价格上对消费者让利，形成一道奇特的社会风景。这就涉及经济学中的“弹性”。

弹性是经济学中广泛应用的一个概念，是指作为自变量的经济变量的变化所引起的因变量的经济变量的变化程度。

弹性系数（ed）是因变量的相对变动除以自变量的相对变动所得的数值。需求弹性表示商品需求量的变动对于价格变动的反应程度。

需求弹性有下面 5 种可能的类型。

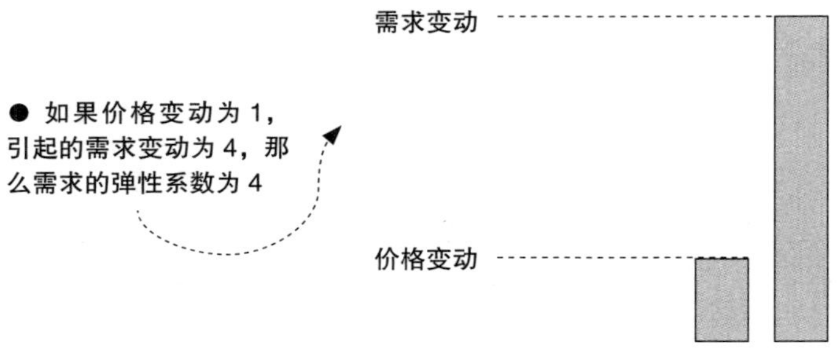

第一类：富有弹性

ed>1，表示需求量对于价格变动的反应比较敏感。

对于富有弹性的商品，小幅降低价格就会使需求大幅度增加，从而增加厂商的销售收入。这就是对有些商品的销售来说，降价反而能多赚钱的原因。相反，提高价格会大幅减少需求，使厂商的销售收入减少。

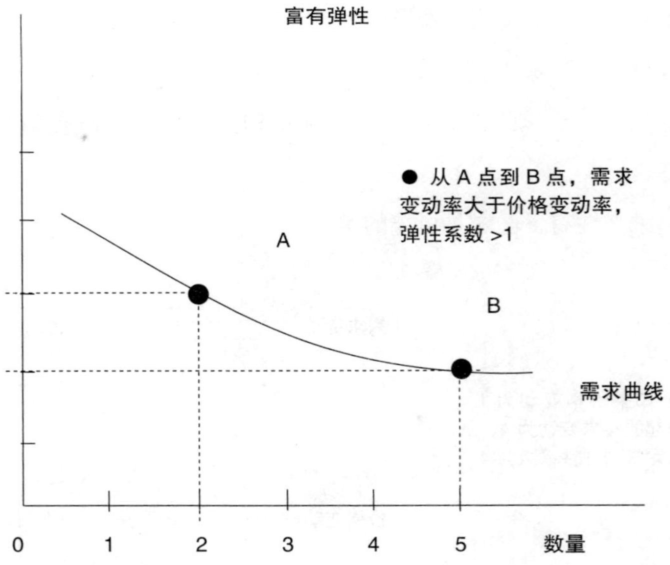

第二类：缺乏弹性

ed<1，表示需求量对于价格变动的反应欠敏感。

对于缺乏弹性的商品，降低价格会使厂商的销售收入减少，相反，提高价格会使厂商的销售收入增加，即销售收入与商品的价格成同方向变动。

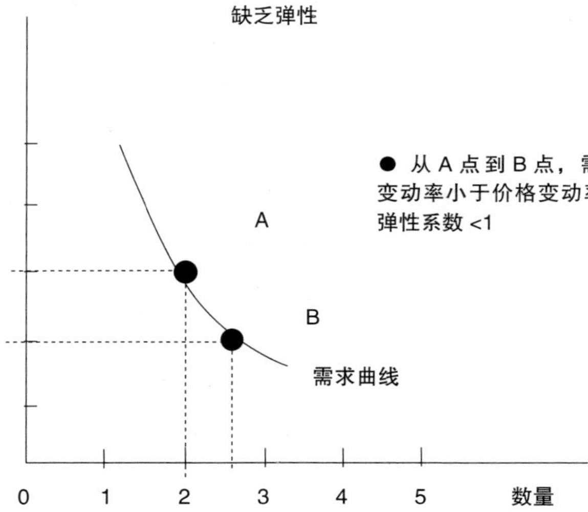

第三类：单位弹性

ed=1，表示需求量和价格的变动率相等。对于单位弹性的商品，降低或提高价格对厂商的销售收入都没有影响。

单位弹性

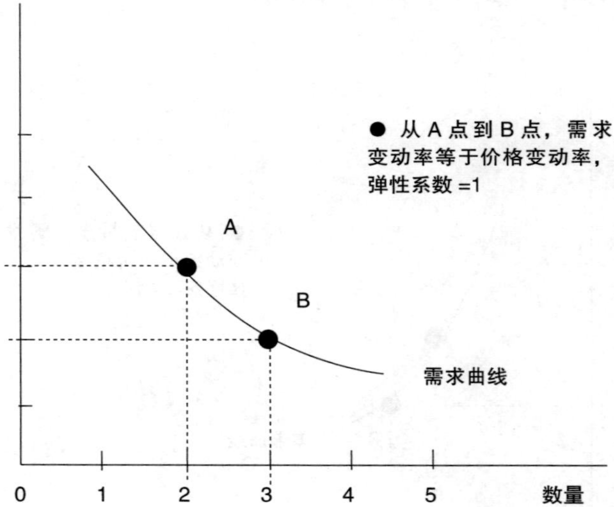

第四类：完全弹性

ed 无穷大。相对于无穷小的价格变化率，需求量的变动率无穷大，也就是说极小的价格变化可以引发需求极大的变化。

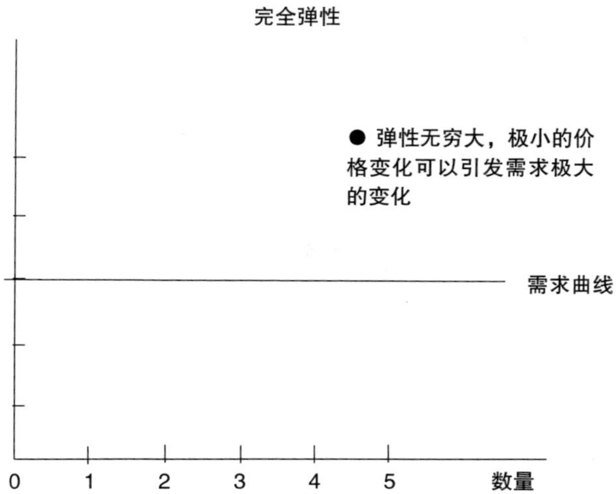

第五类：完全无弹性

ed=0，无论价格怎么变化，需求量的变化量总是为0。需求不受价格影响，是固定不变的。

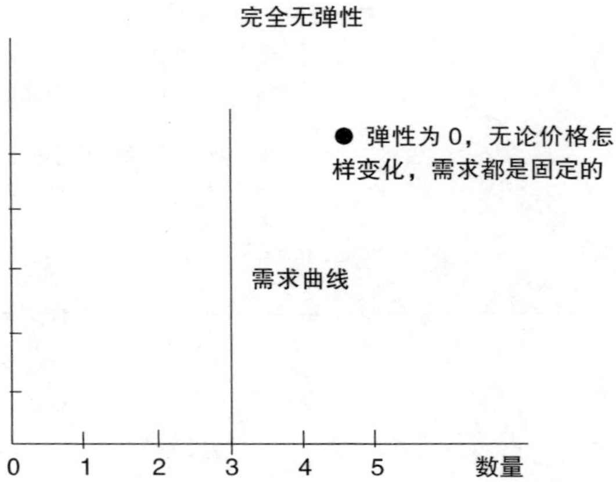

供给弹性表示商品供给曲线两点之间的供给量的变动对于价格变动的反应程度。供给弹性也有5种类型，即富有弹性，缺乏弹性，单位弹性，完全弹性和完全无弹性，与需求弹性原理相同。

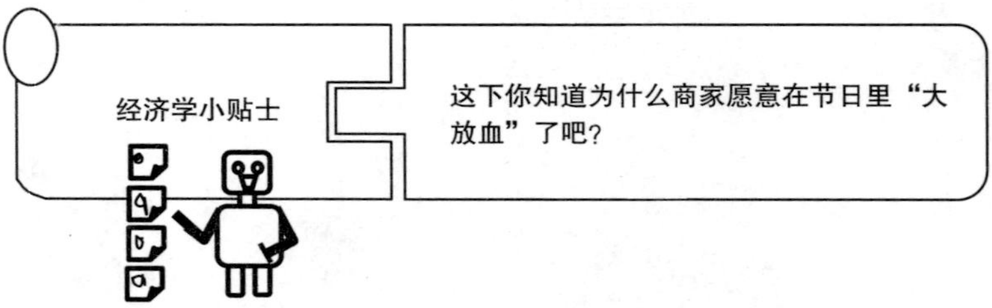

3.4 “免费”真的是“免费”的吗？

日常生活中，我们在很多地方都能发现一些“免费”的东西，淘宝上这样的东西尤其众多，如免费试玩，免费试吃，免费购书等。不是说“天下没有免费的午餐”吗？这些商家为什么要这么做？

免费，现实中最常见的一种模式是“免费结缘”，主要源于佛家以及道家，主要是指通过免费获取书籍、物品等方式与佛法、道法结下了缘分，同时也包含了与人结交的机缘

在商家眼里，“免费”大多只是一种噱头，一种营销模式甚至是一种变相的盈利方式

“免费”的背后往往是深不可测的陷阱，造成许多社会问题（旅游行业最为突出），现在许多行业都禁止免费产品

天下确实没有免费的午餐

正常的免费模式

消费者都喜欢低成本获取最大的效用，商家便投其所好，想出了“免费结缘”的推广方式。通过这种方式，刷了信用，同时宣传了自己的商品，再同时大量收集客户的信息，以供二次营销使用。

免费结缘的产品通常都是些成本较低、卖相还不错的生活小商品，相当于商家投入了部分广告费用于推广。

通过免费赚钱

正常的免费模式还算不错，商家和消费者各取所需，达到了双赢，但现在更多的商家是通过免费赚钱。

都免费了，还怎么赚钱呢?

通过免费的方式，将大量消费者集中在一起，然后通过各种各样的促销手段，让消费者购买产品。如理财产品销售、保健品销售，这种方式颇为常见

通过免费诱导消费者的某项需求，但在不经意间设置收费障碍，许多消费者不得不掏钱

在网络上，精美的货品免费，但运费不菲，商家通过运费赚钱（与运输公司有分成比例）

现实生活中，最常见的一种免费福利是一些旅游机构的“零团费旅行团”。

零团费旅行团泛指那些仅向游客收取极低费用甚至是免费的旅行团，旅行社一开始就处于亏本状态

由于旅行社必须依赖游客购物佣金来维持成本、赚取利润，因此旅行社导游在压力下会使出种种威逼利诱手段诱导游客大量购物。游客所购买的产品多为金银首饰、数码电器、玉石藏品等贵重物品，旅行社也从中赚取佣金

零团费旅游中的陷阱：第一，游客被频繁带进各种商店，几乎没有观赏游玩的时间，购物时间远超观光时间。第二，旅行社知道游客对景点不熟悉，将部分旅游内容省去，以减少开支。第三，旅行社降低游客的用餐标准，“私吞”游客的部分旅游餐费

这样的旅游，品质可想而知

3.5 为什么征税有利于禁烟？

吸烟是有害的，那么根据需求曲线，我们如何减少香烟需求呢？可以使用下面两种方法。

第一种方法是提高售价。政府可以增加对香烟的税收，提高香烟的成本，这样香烟的价格也会提高。在需求曲线上，更高的价格对应的是需求量减少。这就是为什么征税有利于禁烟的直接原因。

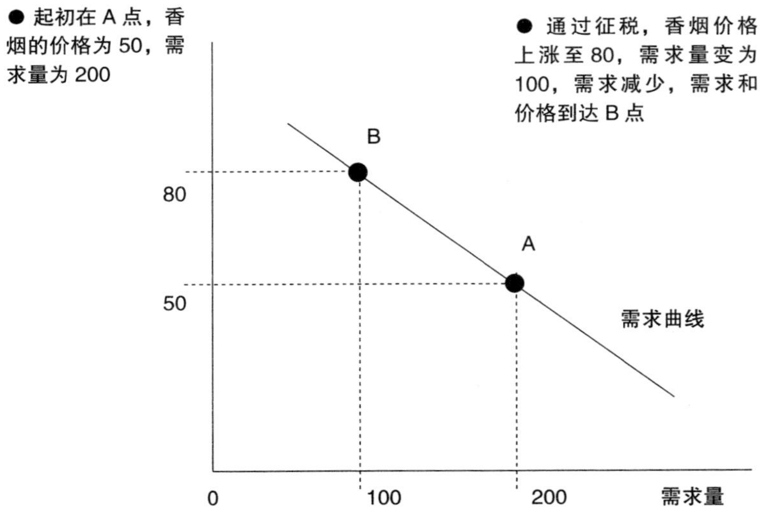

第二种方法是进行健康教育。通过宣传教育，在同等价格下人们对香烟的需求降低，这会使得需求曲线左移。

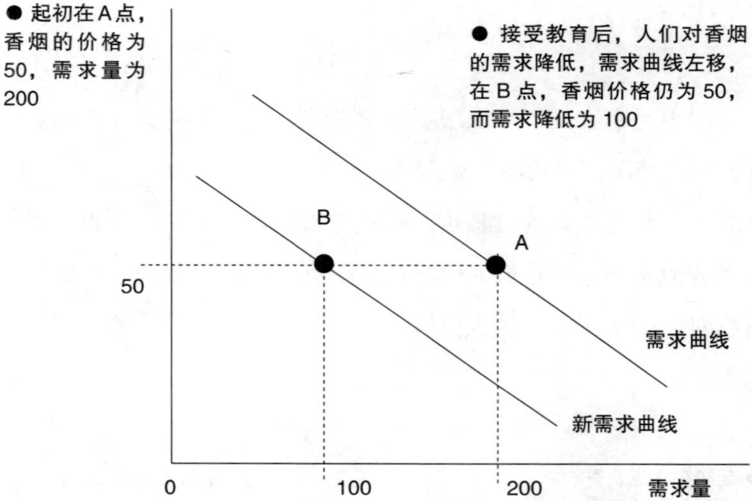

3.6 为什么酸奶降价会影响牛奶销量？

为什么酸奶价格变动会影响牛奶的销量？因为它们是经济学上的替代品。

对于两种物品，如果其中一种物品价格上升，销量减少，导致另一种物品需求增加，则这两种物品被称为替代品（Substitute Goods）。如公交车和地铁，洗衣粉和肥皂，酸奶和牛奶等。

构成替代品的几种商品，通常能带给消费者近似的满足度，相互之间具有替代的性质。如果 A 商品价格上升，消费者们就会去寻求相较于 A 商品便宜的，并且能带来相似满足度的 B 商品购买

日常生活中最常见的替代品是高铁和飞机。当高铁的价格上涨到一定的高度时，人们会转向乘坐飞机；反之，当飞机的价格上涨时，就有消费者转向乘坐高铁

经济学上还有一种与替代品相对立的概念——互补品，即一种商品销量的增加会带来另一种商品需求的增加

对替代品的判别可以根据通过交叉弹性系数的正负号来进行。通常，当交叉弹性系数为正值时，两种商品是替代品，即一种产品价格的提高（销量减少）会引起另一种产品需求量的增加

价值 / 价格比

现实生活中，消费者是否选择一种商品的替代品，如放弃酸奶选择牛奶，关键是看替代品能否提供比现有产品更大的价值 / 价格比。

所以，替代品在经济运行中的一大功能是，对现有商品造成了价格上的限制，进而对行业整体收益产生了限制。

替代品影响着行业的总需求弹性

替代品可能会对现有产品构成巨大威胁，尤其是当替代品能够提供比现有产品更高的价值 / 价格比，并且买方的转移壁垒很低，即转向采购替代品并不增加采购成本时

商家需要密切关注自己商品的替代产品，将替代品的威胁降到最低

从产业发展的角度来看，替代商品与现有商品的价值 / 价格比并非固定不变的，而是有一个大致的运动过程。

初期

替代品产业刚出现，对现有产品的替代率并不是很高。但现有产品的生产企业切不可掉以轻心，因为没有出现大规模的替代可能并不意味着替代品没有竞争力，可能消费者只是由于转移成本的考虑，或者出于其他非经济方面原因的考虑，但这种暂时的观望状态不会持续太久

成熟

一旦替代品确实比现有产品具有优势，且生产企业在短期内通过广告等方式打消消费者的种种疑虑，就会形成对现有产品的迅速替代

普通手机替代传呼机

智能手机替代普通手机

数码产品替代传统胶片，造成曾经的巨无霸——柯达公司的衰落

3.7 为什么“互联网 +”能带动经济发展？

“互联网 +”可以说是这两年最热的词语,不仅市场上涉足“互联网 +”的上市公司得到资本市场上投资者的热烈追捧，而且作为一项国家重大战略行动计划还被写入了《政府工作报告》中。

在总理的思路中，“互联网 +”行动计划是我国加快互联网推广应用的重大举措。这一行动计划对改造传统产业，打造经济增长新引擎，引领中国经济发展新常态具有重大的现实意义。

“互联网 +”到底是什么

“互联网 +”是什么呢？简而言之，它是新一代网络技术、新一代智能终端和新一代新型服务创新的集聚融合，是立足互联网技术实现跨界集成创新的重要入口。如果再往深处说，“互联网 +”是一种创新思维模式。

“互联网 +”时代不是突然到来的，而是一个自然而然、水到渠成的过程。

20 世纪最伟大的发明恐怕就是计算机和互联网技术

经过半个多世纪的发展，互联网从一种人际信息交流的工具演变成一种日常生产、生活的关键基础设施。互联网也越来越成为一个技术综合体，汇聚现代电子信息技术、计算机技术、通信技术、软件技术、网络技术和数字技术等于一体，全面塑造了信息的感知、生成、生产、处理、存储、交换、传播和利用的方式

互联网像什么？像电。它具有强大的渗透能力和宽广的包容精神，已经全面介入了国民经济、产业发展和人类生产生活的方方面面，并逐步深入地改变了传统制造业和服务业的技术创新、管理理念和商业模式

进入 21 世纪，尤其是近 10 年来，移动互联网、物联网、云计算、大数据、机器认知、语音识别等为代表的新一代信息技术风起云涌，在生产生活的各个领域，各种颠覆式创新、跨界创新和跨代创新层出不穷，基于互联网的技术应用又成为新一代创新技术、商业模式创新和创新人才启蒙的巨大孵化器

已经进入全方位、多层次、多模式、多元化、广渗透的新阶段

已经从互动平台转为服务模式

已经从一种信息技术转为生产方式

“互联网 +”如何带动经济发展

“互联网 +”带动经济发展既是一个基础设施再造过程，也是一个系统性的生产要素重组过程，涉及方方面面的情况。

首先，“互联网 +”能够作为新引擎引导传统产业全面转型升级，并势必带来新一轮创新驱动型产业的大发展。

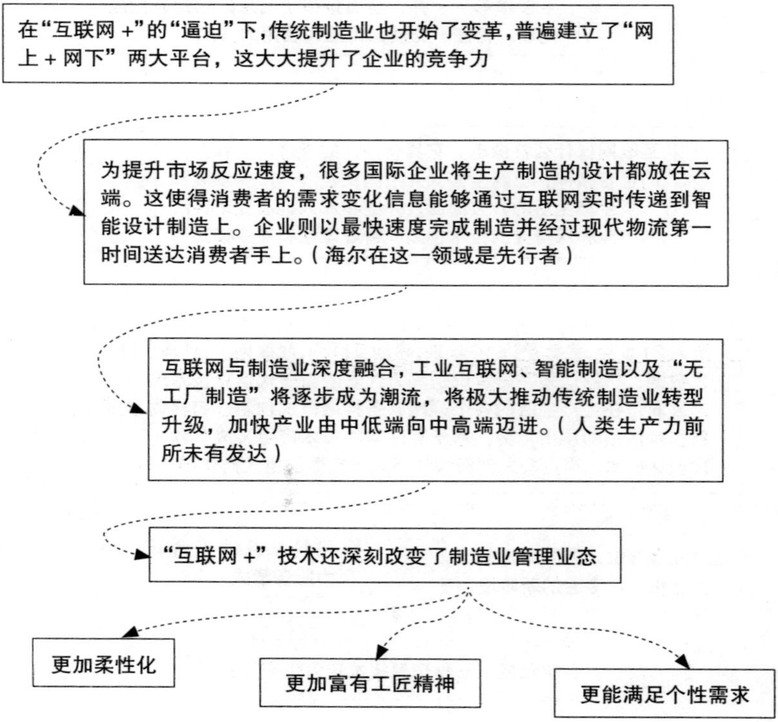

其次，“互联网 +”能进一步扩大市场有效需求，同时还能带动新消费服务方式的产生，激发巨大的市场活力和潜能。

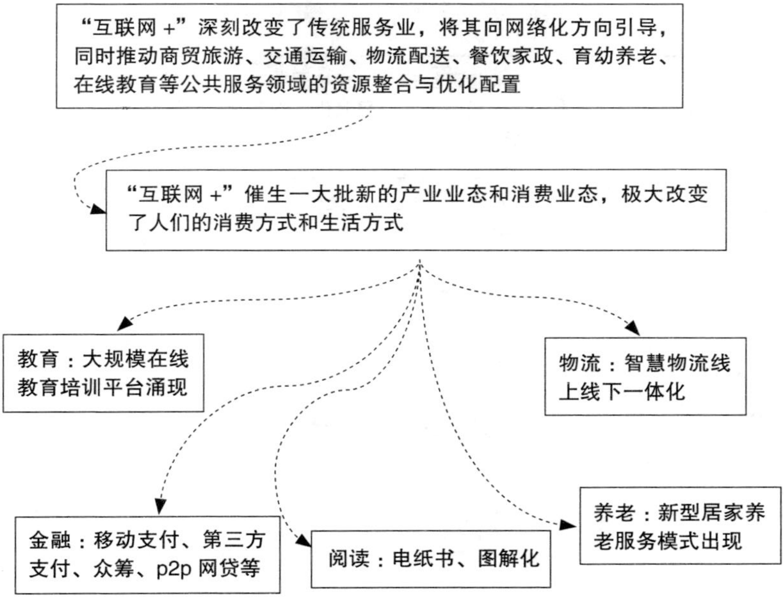

第三，“互联网 +”还是一场轰轰烈烈的创新创业运动，在政府支持下，市场形成了一种浓厚的“大众创业、万众创新”氛围，千千万万的市场细胞被激活，千千万万的创客应运而生。

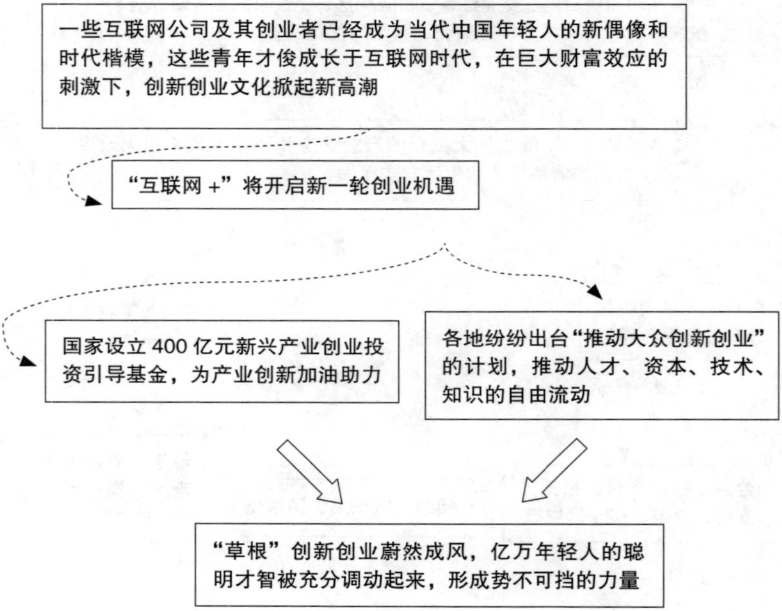

3.8 大数据技术如何影响经济效益

近年来，随着互联网技术发展及其应用的普及，生产要素市场产生重大变化。继资本资源、人力资源和自然资源之外，大数据成为第四种生产要素，对整个社会的经济发展产生了巨大影响。

那大数据到底是什么呢?

数据很好理解，关键是怎么理解这个“大”字。当前对大数据的定义，最多的就是所谓的四个“V”。

大数据的四个“V”

第一个“V”

第一个“V（Volume）”就是它的实际规模。从2005年开始，数据开始大幅增长，2010年以后基本上是一个指数增长的过程，至2013年时已经超过4个ZB（10万亿亿字节），且每年仍以50%的增长率增长。这是一个从量变到质变的过程，这是最直观的大数据概念

第二个“V”

第二个“V（Variety）”是数据类型的多样化，尤其是里面包涵了大量的非结构化数据

第三个“V”

第三个“V（Value）”是价值，有两点：首先是带来的市场价值非常大，有各种可能性；其次是，它虽然量很大、价值也很大，但密度很低

第四个“V”

第四个“V（Velocity）”是动态数据的快速处理。随着处理技术的提升，大数据的应用将会越来越简易、快速。

大数据决定一个企业的发展趋势

当前，对大数据的关注可以说贯穿于各行各业当中。在日新月异的变化中，谁能对变化做出针对性的反应，谁就更能保持竞争优势。某种程度上可以说，企业能否对海量的数据进行行之有效的快速挖掘与分析，并做出恰当的反应，决定着一个企业未来的发展趋势。

有研究表明，**数据正成为企业的一种资产，用数据驱动企业发展越来越成为一种潮流**。决策依赖数据的公司，其运营状况通常要比不重视数据的公司出色，因此企业要善于发现数据里的商机和秘密，而如何利用大数据技术将庞大的市场数据转化为巨大的商机，将成为众多企业思考的关键。

“大数据”将带来显著的经济增长效应

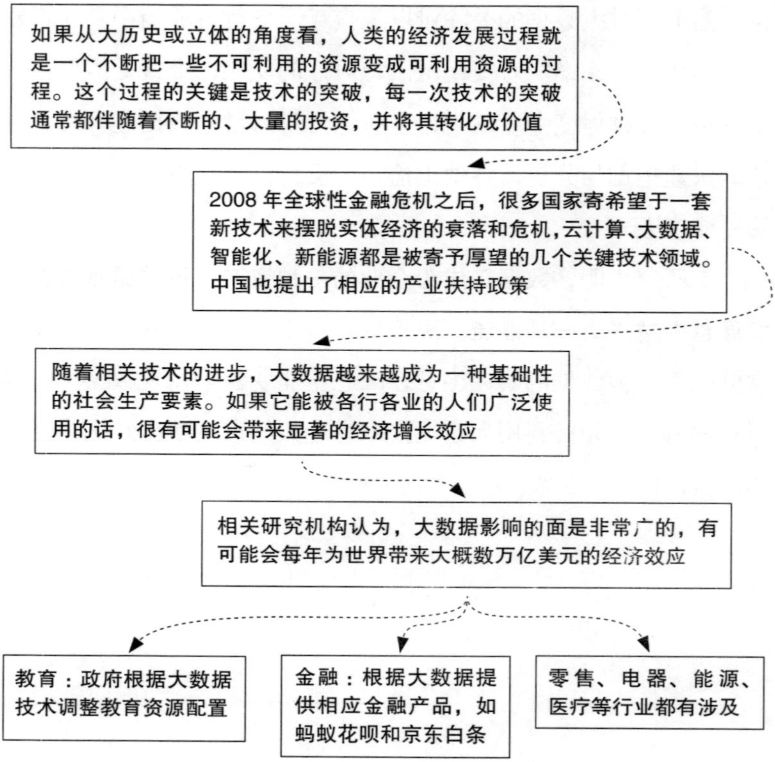

大数据能改善经济结构失衡

中国经济的一大特色是失衡严重。表面来看，许多产品严重过剩，低水平、同质化严重。与此同时，一切高精尖的产品、专业细分产品却还需要从国外进口，形成结构失衡的局面。

大数据技术的出现将在某种程度上改善这一状况，避免经济结构失衡局面的出现。例如海尔正在推出的“订单洗衣机”“家电定制”，淘宝也在做“订单农业”“抢先购”等创意，都是先收集需求数据情况，然后再根据需求组织生产，产生了良好的市场效果。

经济学小贴士

大数据已经成为一种社会性的原材料，便具有了公共产品的一些特性

3.9 为什么卖的总比买的精？

在市场经济活动中，不同的参与者对市场信息的了解会有各种各样的差异。在这种情况下，掌握信息较多的人便处于有利地位，而信息匮乏者则处于明显的不利地位，这就是经济学中的“信息不对称”理论。

●案例：小玉的选择

小玉到底是该降价还是提价

小玉在一条商业街上租下一家店面开了服装店。她的服装虽不是国际知名大品牌，但样式新颖，质量也还不错，所以开业后的一段时间内，店里生意一直不错。半年后到了换季时节，小玉还积压了一些上季度的衣服。于是，她打算尽快将这批货卖完，采取的措施是降价。这批衣服的价格从平均每件 120 元，下调到 60 元。

令人意外的是，小玉降价后，这批服装竟然无人问津，好几天也没卖出去一件。后来，小玉想，难道是因为价格太低，人们都觉得是次品，所以都不来买了？小玉抱着姑且一试的态度将那批衣服的价格上调到每件 150 元每件。结果，这批衣服很快被抢购一空，一些消费者自己买了还不算，还推荐朋友也过来买。

这样的情况在现实中时有所闻，正如小玉所推断的那样，很多人对这批商品的信息所知有限，只能通过价格来判断质量的好坏。他们认为，价格越高，质量就越好，价格过低的商品往往是假冒伪劣产品或次品，于是就出现了涨价后反而被抢购的现象。

从根本上说，这是消费者和商品销售者之间信息不对称造成的。

在市场交易中，卖方往往对商品有更全面的了解，他们掌握的信息更加充分，所以卖方通常会有意识地向买方传递某一方面的信息来谋取更多利润。比如保险推销员通常会向顾客重点介绍保险产品对生活是如何如何必要，而对理赔部分则仅仅按照说明书上的内容照本宣科。之后，受到诱导的消费者就更容易接受卖方的产品。

市场经济条件下，信息不对称现象无处不在

在日常生活活动中，一种新产品问世通常都要进行广告“轰炸”。这是因为，做广告的商品向消费者提供了更多的信息，更容易被消费者接受

对消费者来说，信息不对称很可能给我们带来一些负面影响。就像去小玉店铺消费的人一样，在不完全了解产品信息的情况下，仅从价格上判断产品质量好坏，这样很容易买到高价低质的商品，等于花冤枉钱。所以，在做出购物决策之前，消费者应最大限度地搜寻商品的信息，尽可能减少信息不对称，以避免产生负面效应

进入 21 世纪，尤其是近 10 年来，以移动互联网、物联网、云计算、大数据、机器认知、语音识别等为代表的新一代信息技术风起云涌，消费者获取商品信息越来越简单，卖家的信息优势有逐渐削弱的趋势

第4章 消费者选择理论

置身琳琅满目的商品世界中，在时间和财力都有限的情况下，如何才能获得最大的满足感？这就需要用到消费者选择理论中的种种知识和理念。

4.1 为什么你要买这件商品？

为什么消费者会做出这种选择？

在经济学里，我们假设市场消费者都是经济人，经济人做出某种选择都是出于成本收益分析。

成本收益分析

以自己追求的目标作为行动的判断标准，一项行动所得到的收益至少应等于为其所消耗的成本，这就是最基本的成本收益分析。这是一种量入为出的经济理念，它要求对未来行动有预期目标，力争以最少的投入获得最大的收益。

这一理论并不难理解，在实际生活中运用这一理论进行分析比较时，重点在于区分哪一个是成本，哪一个是收益。

比如画蛇添足的故事，大家都很熟悉，下面我们从经济学的角度来看这个故事。

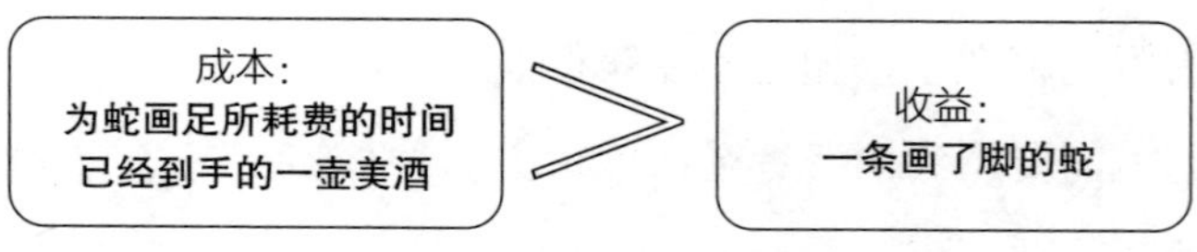

我们常说“画蛇添足”是“多此一举”的，就是因为“添足”的这个行动所带来的收益是明显低于成本的，从这个角度来看，“添足”是完全没有必要的。

追加思维

我们之所以将已经到手的一壶美酒作为“添足”的成本，是因为“添足”是在“美酒”这一既得利益的基础上进行的，“添足”的目的是期望获得追加收益，即展示自己不仅取胜还遥遥领先，可是最终他不仅没有获得追加收益，反而因此失去了既得利益。

这种同时考虑追加成本、既得利益和追加收益的思维方式在日常生活中很有用

比如，超市里纸巾打五折，鸡蛋打三折，你想着反正纸巾放多久都不会烂，而鸡蛋是经常要吃的，所以毫不犹豫地分别买了三打回来，完全没有顾忌家里还有很多纸巾没用完，很多鸡蛋没吃完。千万别以为买了便宜货一定占便宜。你将钱买成纸巾和鸡蛋，就失去了将这笔钱变成其他物品的机会，而新买回的纸巾和鸡蛋对于你来说也就是放着，意义并不大

当然，如果你家里正好没有了纸巾和鸡蛋，那么各买三打回来就是你捡到便宜了

总的来看，追加收益小于追加成本，这样的购买等于画蛇添足

●案例：昭阳该不该撤兵

昭阳到底要不要撤兵回国

战国时期，楚国宰相昭阳率领大军攻打北面邻国魏国，夺取了魏国的八座城池，并对东北方的齐国虎视眈眈，时刻准备着移兵攻齐。

齐国人陈轸为救齐国专程求见昭阳，他并没有哀求楚国罢兵，而是为其分析其中的利害关系。

“将军辅佐楚王征服魏国，现在又移师向齐，已威名远播。如今将军已官至宰相，就是打下齐国，官爵也无以复加，可万一失败，却可能招来杀身之祸……”

昭阳是个聪明人，一听就明白了陈轸的道理，下令撤兵。

这就是政治上的追加思维：就算把齐国攻打下来，自己已经位极人臣，不会得到多少追加利益；可如果失败，则战胜魏国的既得利益也可能失去。昭阳于是果断放弃了攻打齐国的打算。

4.2 为什么买 A，不买 B？

为什么是萝卜而不是白菜？这个问题涉及前面已经提到的“效用”和“偏好”两个与消费者选择有关的经济学术语。

效用

前文我们曾提到，人的欲望有无穷性，而资源又有稀缺性。在经济学里，资源可以满足人的主观愿望的属性即效用。比如，吃饭让我们有饱足感，穿衣让我们觉得温暖又漂亮，住在房子里让我们有安全感，艺术作品带给我们精神上美的享受，亲人朋友的关爱满足我们情感上的需要……这些都是不同的资源带给我们的效用。

消费者在挑选商品时会自觉地进行成本收益分析，在无意中使效用最优化

相同单位的商品效用是相同的，但在一起被消费时，前一单位的商品带给消费者的效用和后一单位商品带给消费者的效用是不同的。为解决这一问题，经济学家用边际效用来衡量多消费一单位商品或劳务时所带来的新增或额外的效用

效用本质上是人的一种感觉

偏好

效用强调的是资源对欲望的满足，而满足的程度完全取决于个人的主观感觉。个人对某一物品的喜欢程度称为偏好。一般来说，个人对某种物品的偏好越大，这种物品对其效用也就越大。

比如大多数女人都喜欢鲜花，所以在情人节那天总是能见到很多手捧一大束玫瑰花的男人；而男人呢，很多爱抽烟，虽然有很多女人对此频频皱眉，但也有很多女人会买漂亮的打火机送给自己的爱人。

不同的人会有不同的偏好，即俗话所说的，萝卜白菜各有所爱。同一个人对不同的物品也有不同的偏好，甚至对同一类物品也有不同的偏好。比如一个喜欢鲜花的女人，喜欢玫瑰胜过百合。当然，这种偏好也只是她的个人主观感受。

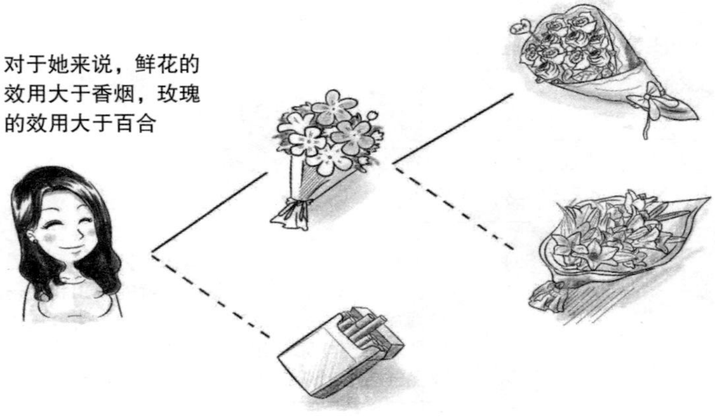

● 案例：小明该住哪

小明的苦恼：住哪？

小明大学毕业后到某地工作，为住的事情烦心。
千挑万选后，小明有 A 和 B 两个选择：选择 A，上班较近，但租金较贵；选择 B，上班较远，但租金便宜。
小明比较调查后发现，几乎所有人都曾面临过这两个选择，选 A 选 B 的人都有，各占 50%。
正在小明犹豫不决的时候，选择 B 的旁边出现了 C，上班较远且租金也不便宜。
然后小明和大约 70% 的人做了同一选择：B。
在上面这个例子中，其实 C 的出现对 A 和 B 的效用没有任何改变，但是却对人们的偏好产生了干扰。由于 B 明显地优于 C，影响了人们的注意力，导致一部分人放弃 A 而改选 B。

4.3 不好看的电影，是坚持看完还是直接退场？

面对烂片，是坚持看完还是直接退场？这是一个问题。

从经济学角度回答这个问题，需要了解一个经济学术语——沉没成本。

沉没成本

沉没成本是指由于过去的决策已经发生了的，且不能由现在或将来的任何决策改变的成本。在经济学中，并不把沉没成本看作一种成本。因为沉没成本的特点就是无论如何都无法收回，既然如此，对不可能再改变的事情就不应该再将其列入考虑范围。

比如已经到手的电影票就属于沉没成本，不论是自己买的还是朋友送的，重要的是买票的钱已不可能通过将门票转手或退票等方式收回。

如果运气不好碰到了烂片，该怎么办？

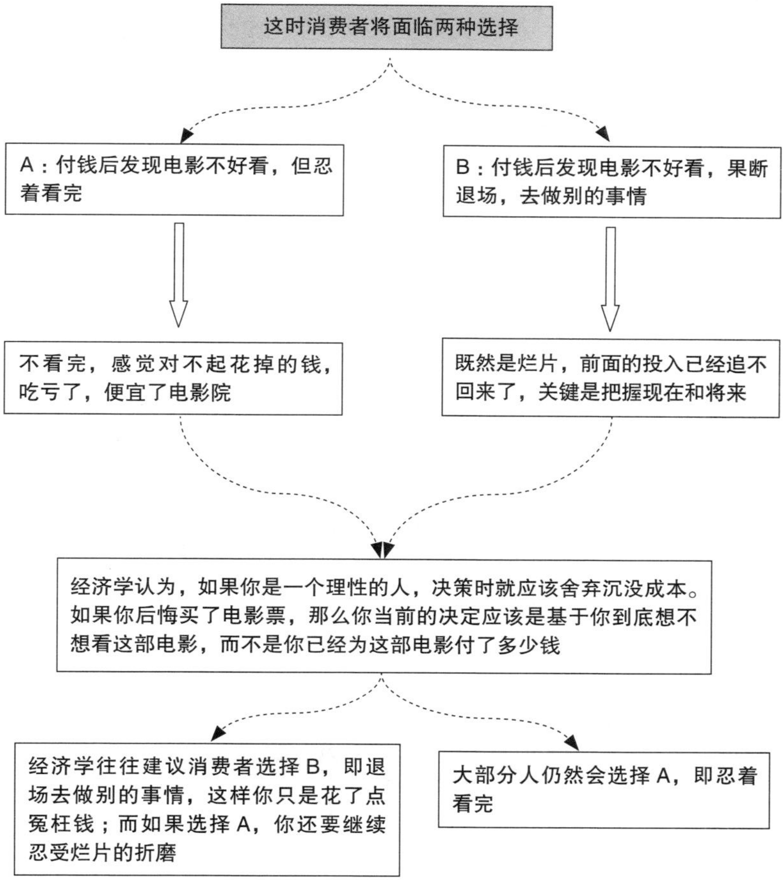
这时消费者将面临两种选择
A：付钱后发现电影不好看，但忍着看完
B：付钱后发现电影不好看，果断退场，去做别的事情
不看完，感觉对不起花掉的钱，吃亏了，便宜了电影院
既然是烂片，前面的投入已经追不回来了，关键是把握现在和将来
经济学认为，如果你是一个理性的人，决策时就应该舍弃沉没成本。如果你后悔买了电影票，那么你当前的决定应该是基于你到底想不想看这部电影，而不是你已经为这部电影付了多少钱
经济学往往建议消费者选择B，即退场去做别的事情，这样你只是花了点冤枉钱；而如果选择A，你还要继续忍受烂片的折磨
大部分人仍然会选择A，即忍着看完

沉没成本谬误

在上述案例中，很多人对“浪费”自己的资源很舍不得，即便体验不好，也会强迫自己看一场根本不想看的电影，在经济学上，这叫做“沉没成本谬误”。

无论怎样，企业必须不断做出决策。决策者最好从财务、技术、市场前景和企业发展等角度做出准确判断，尽可能减少沉没成本的支出

一旦发现决策失误，要注意“止损”，注意“悬崖勒马”，迅速做出应对，以减少时间、人员及财务上的二度损失

经济学家告诉我们：覆水难收，不要为已经失去的追悔莫及，关键是当下的决断和奋发

4.4 为什么高收入者也会变成“月光族”？

经济学假设人是理性的，作为市场上的消费者，他会自觉计算成本和收益，努力使自己的效用最大化。然而行为经济学（经济学和心理学的交叉学科）的研究发现，人的消费行为是极为复杂的。

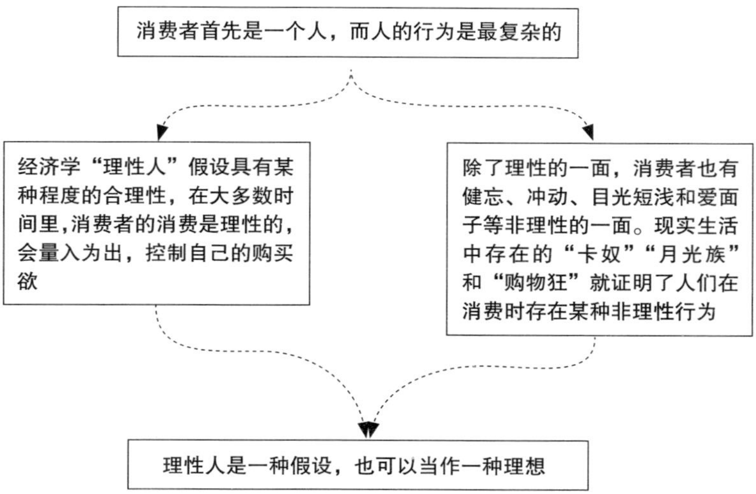

为什么会出现高收入月光族?

“月光族”的另一个名称就是非理性消费者，再高的收入也禁不住人的非理性消费行为。

非理性消费可分为冲动型、支配型和攀比型三种

冲动型消费

又称即兴消费型。这些人事前并没有购物计划，直到在超市或逛街时看到心仪的商品或生活必需品打折才产生临时的消费冲动。但奇怪的是这些一买回来可能就被束之高阁了

支配型消费

女性居多，一旦失恋或工作不顺心，她们就把购物当做一种情感宣泄方式。购买的时候，完全失去理性，不看价格，只想把钱花光，然后把物品摆在眼前，享受物品带给自己的安全感和踏实感

攀比型消费

顾名思义，消费者购物并非追求效用，而是用所购的物品来炫耀其地位和价值。这些物品通常是豪宅、豪车和奢侈品等

控制非理性消费

从全社会的层面来看，非理性消费会把社会财富引导到一种无用、非生产性，甚至有害的生活方式中去，势必挤占人们真正需要的产品的资源，同时加剧社会贫富分化，降低全社会的幸福度。

从个人层面来看，非理性消费会增强人的物欲，进一步降低人的自控能力，让人加速成为自己欲望的奴隶。这对人的全面发展是不利的。

非理性消费的产生

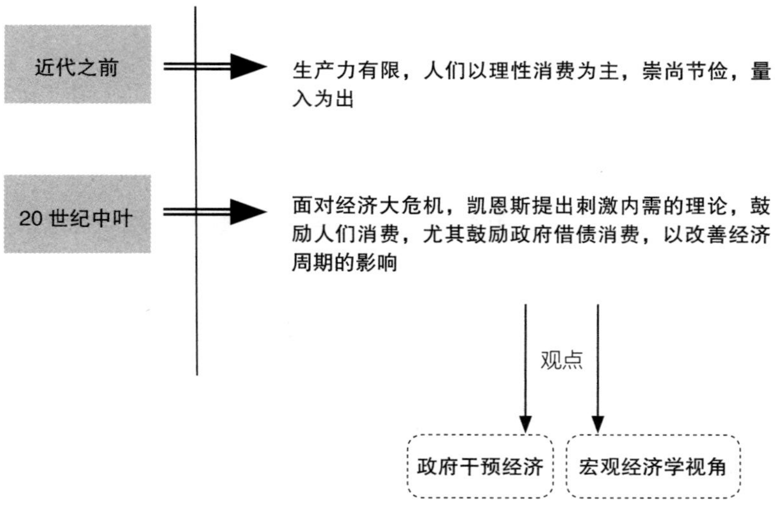

4.5 为什么女人都喜欢团购?

随着技术的深入发展，互联网越来越成为一种组织工具，深刻改变了消费者和商家的互动模式，团购应运而生，深受人们喜爱，尤其是对一些喜欢网购的女人来说，团购越来越成为一种生活方式。

为什么大家都喜欢团购?

团购可以降低成本

对很多人来说，团购最直接的原因是它可以有效降低消费者的成本，在保证质量和服务的前提下，获得相对比较合理的低价格。

这很好理解，通过网络团购，市场上从来没见过面的消费者被组织在一起，变成了可以与商家讨价还价的大买家，所以购买同样质量的产品，能享受到更优质的服务和更低的价格。

对商家来说，团购相当于批发，既然数量达到了要求，给对方批发价也是顺理成章的事情。双方各取所需，皆大欢喜。

团购大大提升了消费者的地位

传统的消费者与商家关系模式中，消费者都处于弱势地位，因为市场不透明和信息不对称。

现在，通过互联网团购活动，消费者对产品的合理价格区间、性能和规格有了更多的了解，并参考团购组织者和其他购买者对产品的客观评价，在购买产品和服务过程中占据了主动，不但能买到服务好、质量好、价格合理、称心如意的产品，而且还可以对商家进行公开评价。

4.6 为什么旅游经济越来越热？

近年来，旅游经济越来越火热，这背后有哪些经济学的原因呢？

国家政策的倾斜效应

一直以来，国家对旅游业的发展非常重视，中央和地方各级政府先后出台多项政策刺激旅游产业发展。

各级政府的共识：旅游业都是现代服务业重要的组成部分，旅游业的快速发展对拉动内需、加速经济发展、增加就业岗位等具有推动作用

2009 年，国务院发布《国务院关于加快发展旅游业的意见》，明确了旅游业的地位，明确指出政府要大力支持旅游业的发展

2012 年 2 月，出台《关于金融支持旅游业加快发展的若干意见》，鼓励社会资本支持和参与旅游业的发展

2012 年 7 月，出台《关于鼓励和引导民间资本投资旅游业的实施意见》将社会资本作为旅游业发展的重要力量

各地方政府也出台相应政策鼓励本地旅游业发展，改善景区基础设施，督促旅游行业改革整顿，改善旅游从业人员待遇，实行自愿给予导游小费的政策，促进旅游产业发展

充分调动了政府、企业和个人的积极性，旅游经济快速发展

消费者需求升级，休闲度假意识提升

随着经济的发展和国民收入水平的提升，消费者手中的可支配现金逐渐增多。根据人们需求的变动规律，当人们满足了基本生活需求之后会追求更高层次的精神、休闲层面的满足，因此消费者休闲度假需求大幅增长。

旅游科技的进步

随着移动互联网的发展，手机 APP 成为游客的“必备神器”，甚至出现“无手机不旅游”的现象，这大大提升了旅游者的便利性和综合体验。

4.7 庙会市集是如何集聚消费者的？

庙会市集是各地一种普遍的文化商业模式，它集聚消费者的方式很值得思考。

通过文化性活动创造基础流量

通常来说，庙会首先是一个文化活动。在农历的某个重要节日里，如大年初一、正月十五、二月十九、三月初三等，四乡八里的人们都会到寺庙里参加一些隆重的祭祀、祈福、求子等活动。大量的人口便这样集聚在一个地方，为庙会市集创造了最基础的流量。

庙会的文化活动往往是历史流传下来的，代代相传

庙会的文化活动通常都在宗教活动场所附近

过去，庙会文化活动对普通人来说是一种刚性需求，但现在人们越来越重视其娱乐功能

通过娱乐性活动增加流量

庙会活动通常延续几天，主办方往往还会筹办一些大型免费娱乐性活动来助兴，烘托节日气氛。如舞狮、猜灯谜、唱大戏、耍杂技、吹唢呐、搭彩棚、打擂台等等，这就吸引了大量的普通人，使得庙会的流量在短期内大幅增加。

庙会的娱乐性活动必不可少，尤其是唱大戏、锣鼓队等，在集聚人气上有特效

庙会的娱乐性活动需要花钱，筹办者需要想方设法把成本转嫁出去

地方政府越来越重视庙会，会主动出钱筹办庙会等文娱活动，如洛阳牡丹花会等

通过商业性活动吸引流量

庙会既然能在短期内积聚大量的流量，为满足这些人的需求，庙会市集便自然而然地出现了。

市集商品大量涌现，不但方便了消费者，而且形成了庙会在商业上的吸引力。众多潜在消费者为了购买某种产品而参会，这无疑又大大增加了庙会的流量，形成一种良性的互动。

先做大流量，然后寻找商业模式，所谓“文化搭台，经济唱戏”，这在各地已经成为一种共识了。

4.8 超市的商品布局有何讲究？

目前国内超市的商品布局基本都自有其规律。

生鲜和食品杂货放在最里面

超市通常将生鲜和食品杂货放在最里面，原因也很简单。

生鲜和食品杂货是最能吸引消费者的产品，即便是放在最里面，人们也不得不购买

主动拉长消费者在超市的“路”，为其他商品的销售创造条件

生鲜货品放在最里面，通常都是超市的后门，便于进货、卸货，避免水打湿超市其他商品

一般来说，生鲜等货品是超市里最赚钱的，商家都会很重视其布局。不过近年来，一些大型超市反其道而行之，将生鲜货品放在超市入口处，也有其道理。

入口放家电、音响等数码产品

超市入口处通常是家电、音响、手机专区。超市的这个区域与国美、苏宁、永乐等专业家电销售商相比，相对低端一些，基本都是亏损运营，即便某些小家电有些利润，也不是很高。

那为什么超市还要设立这个区域？很多时候只是撑场面用的。

家电后的纺织产品区

家电区过后，通常就是纺织产品区，有床上用品、服装等，该区域有以下几个特点。

- **和家电类似，该区域占地较大，较为显眼，一入门就能看到**
- **人流量不是很大，主动逗留买服装的不是很多，利润有限**
- **通常靠低价吸引消费者冲动消费**

总体上看，家电、数码、服装这些，在超市中就是充门面的商品，其销量和利润都不高，价格也不便宜。

日用百货区

纺织服装区之后，通常就是日用百货区。这些商品销量通常并不是很高，但毛利很高，日积月累也是颇为可观的。

日化清洁用品区

日用百货区之后通常就是日化清洁品专门区域。该区域通常是超市利润的源泉，销量和毛利都挺高，所以其位置一般在中间，如果超市是两层设计，则一般在两层的连接部位。这里面积宽敞，没有拥挤感，消费者往往会有意无意地暂时停留，商家将日化清洁用品放在这一区域，其用意不言自明。

杂货和保健食品区

日化清洁用品之后，通常是一些杂货和保健食品，包括油盐酱醋、特别品牌的保健品等。该区域商品除了保健品，基本都是些日常生活必需品，销量高但毛利低。

许多超市做特价活动，通常都会选择这一区域产品，原因很简单，只要稍有降价就会引来消费者抢购，能够快速吸引人气，提升流量。

休闲食品区

杂货和保健食品之后，通常是超市的另一块重要区域——休闲食品专区。该区域产品通常都是高销量、高毛利。消费者对这些商品的价格颇为敏感，降价几毛钱就可以引发一次销量的暴涨。在重要节庆的时候，甚至可以贡献 50% 以上的业绩。

酒水饮料区

休闲食品过后，通常是酒水饮料部门。该区域位置之所以靠紧休闲食品，是因为两者关联度高。

酒水饮料除了白酒之外基本都不怎么赚钱，但必须得有这个区。

冷冻冷藏区

过了酒水区域，在生鲜和食品杂货之间通常都会有一个冷冻冷藏区。里面放置的是牛奶、饺子、冰淇淋之类，地方虽小，但销量和利润都还不错。

超市的总体布局和货架陈列

上面基本上列出了一个超市的基本组成，这是目前国内大部分超市的布局。

超市里货架的陈列也很重要，通常商品按照品类集中，不好卖的放在最上或最下，好卖的放中间，当然理货员还会考虑体积问题，大体积的商品很少放中间。

第5章 谁赚了你的薪水：劳动市场经济学

劳动市场与每一个人息息相关，因为大部分人都得靠自己的劳动收入来维生。但工作不仅仅是得到一份收入那么简单，它能让人得到个人的成就感和尊严。那么在劳动市场上，到底是什么决定你工资的高低，为什么高薪的人涨薪反而更快？这些问题都需要在劳动市场经济学中寻找答案。

5.1 为什么别人比你工资高？

工资问题最动人心弦，其中的经济学原理并不复杂。

工资

经济学上对工资的定义是劳动力的价格，是以雇佣关系为基础的雇佣劳动的报酬。工资的形式包括实物、货币、福利。比如单位在中秋节发的月饼、为你交的社保、公费组织旅游，这些都属于工资的范畴。

与工资相关的概念主要有名义工资和实际工资，其中名义工资指货币工资，而实际工资则包括了实物、货币和福利。

另一组概念是计时工资和计件工资。计时工资就是按照劳动者的工作时间来计算工资的一种方式，又可以分为月工资、日工资和小时工资。计时工资便于计算、简单易行、适用范围广，但是它不能够全面反映同等级别的员工在同一工作时间内支付的劳动量和劳动成果的差别。计件工资是按照工作量和预先约定的计件单价来计算报酬的一种工资形式，其特点是将劳动报酬与劳动成果直接紧密地联系在一起，具有很强的物质刺激作用。

工作与工资

就像在产品市场上，商品的价格取决于其特性。在劳动力市场上，工作岗位的工资也取决于其特性，这也就解释了为什么工作需要的技能越难以掌握，需要处理的事物越繁杂，工资就越高。

另一个工资差别来自于补偿。我们常看到一些风险更大、颇费工夫、工作地点条件恶劣的工作，在其他条件相同的情况下会获得更高的工资。还有一种补偿是相对隐形的。比如在高档餐厅，侍者的工资高于助理厨师。这是因为助理厨师的岗位为晋升主厨提供了必要的训练和经验，而主厨是一份收入丰厚且受人尊敬的职业。相反，侍者则是一个终极岗位。我们可以认为，侍者相对于助理厨师的高工资是对于这个岗位没有多少前途的一种补偿。

经济学小贴士

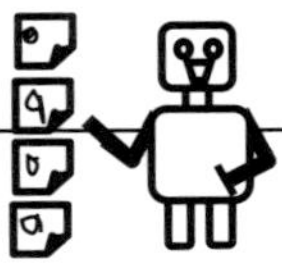

开始工资较低，之后工资随着工作年限的增长而增加是很常见的，这实际上是一种约束机制，称职的员工会在自己的岗位上长久地干下去，最终获得迟到的奖金；而不称职的员工则可能还没有领到后面的高工资就已经被炒掉了

●案例：女模特与男模特的收入差距

女模特为什么比男模特收入高

也许你会奇怪，为什么无论是声誉还是收入，女模特都远远超过男模特。其实模特的工作就是展示衣服，为了使自己的成衣在潜在顾客面前显得尽可能好看，制衣厂商都更愿意花大价钱聘请漂亮的模特。但女模特的收入高于男模特并不是因为她们比男模特长得更好看，而是因为女人比男人更醉心于漂亮的衣服和时尚。

对于制衣厂商而言，女装市场远远大于男装市场，因此女模特的作用也远远大于男模特。为了在喧嚣的女装市场中吸引更多的实现，制衣厂商当然很愿意为条件更出众的女模特支付更高的工资。这也说明了在竞争性劳动力市场上，雇员的工资与他们为雇主在盈亏平衡点上所创造的价值大致成正比关系。

5.2 为什么高薪的人涨薪更快？

自然界存在马太效应，在劳动市场自然也不例外，高薪的人涨薪总是更快一点。

先不论合理不合理，为什么会这样呢？

科技和生产力的发展

第四次科技革命浪潮已经席卷全球，智能制造、机器人革命使得社会生产力出现巨大的飞跃。但值得关注的是，科技和生产力的发展使得没有受过高等教育，没有特殊知识和管理技能的人的价值在不断缩小。

实际上，高新技术领域所产生的巨大财富主要分配给了那些原本薪水就很高的高收入阶层，低收入者虽然也有受惠，但他们只是吃到了一点蛋糕皮。

国际贸易的发展

近几十年来，世界一体化运动持续推进，国际贸易出现大发展，各国产业结构不断进行重构。

从总体上来看，中国原来的低端产业渐渐往东南亚和印度转移，国内产业渐渐由劳动密集型产业转移到资本和知识密集型产业，那些在生产线上的低收入劳动者因此免不了要受到损失，而那些原本就高薪的人不但不会受损，反而收入会更高。

资本回报率越来越高

在现代社会，资本的回报率已经超过了经济整体的增长率。在长期内，势必形成社会财富向少数人聚集的趋势，一些原来就富有的人将会越来越富，而那些没有资本的人势必越来越相对贫困。

资本的回报，也就是我们通常所说的财产性收入，钱赚钱，它包括房子的租金、企业的利润、银行利息等。现在其增长的速度要比经济整体增长的速度快，社会财富的分配势必向有产者倾斜。

这是典型的财富领域的马太效应。这个效应会从各个领域产生作用，使得原本就高薪的人反而涨薪更快（通常这些人比普通人拥有更多的财产性收入）。

5.3 为什么工作挺多，老板却不愿多招人？

有的企业员工很奇怪，为什么工作挺多但老板就是不愿再招人，这与劳动市场的均衡状态密不可分。

劳动市场的均衡

劳动市场和其他市场一样，也存在供给和需求的均衡。但劳动市场与其他要素市场不同的是，劳动需求是一种派生需求，并且大部分劳务并不直接作用于消费者，而是以生产成本的方式追加到物品上去。

劳动边际产量递减规律

当企业购买用于生产产品的物料与劳务时，就产生了成本。在这一部分，我们考察企业生产过程与边际成本之间的这种联系。

在分析这类问题时，我们需要做个假设。假设我们有一家奶茶店，奶茶店没有工人，就生产不出奶茶。如果我们有 1 个工人时，能生产 50 杯奶茶。当有 2 个人时，能生产 90 杯奶茶，等等。如此，我们可得到反映劳动投入量与产量之间关系的表格。

工人数量	产量（每小时生产的奶茶量）	劳动的边际产量	工厂的成本（元）	工人的成本（元）	总成本（元）
0	0		30	0	30
1	50	50	30	10	40
2	90	40	30	20	50
3	120	30	30	30	60
4	140	20	30	40	70
5	150	10	30	50	80

我们用横轴表示工人的数量，纵轴表示所生产的奶茶的数量，就会得到如下曲线。该曲线即为生产函数，是反映劳动投入量（工人）与产量（奶茶）之间的关系的。随着工人数量的增加，生产函数变得平坦，这反映了边际产量递减。

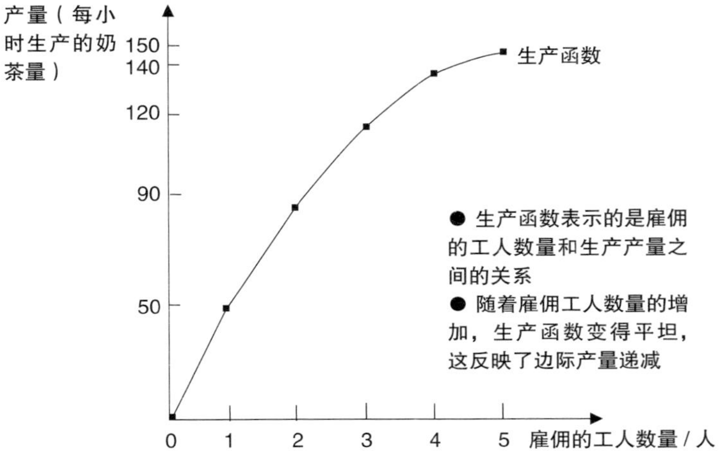

劳动边际产量是指增加的一单位劳动投入所引起的产量的增加。企业的边际产量是递减的，说明劳动投入的边际产量随着投入量的增加而减少。

如当工人数量从 1 增加到 2 时，奶茶产量从 50 增加到 90，因此，第二个工人的边际产量是 40。而且，当工人数量从 2 增加到 3 时，奶茶产量从 90 增加到 120，因此，第三个工人的边际产量是 30 杯奶茶。

随着工人数量的增加，边际产量减少。这个特征被称为劳动边际产量递减规律。

	边际产量递减	总产量
1 个工人	50 杯	50 杯
2 个工人	40 杯	90 杯
3 个工人	30 杯	120 杯

我们将以上表格中的产量作为横轴，成本作为纵轴，画出这两栏的数据，得到的曲线为总成本曲线，它反映的是生产的产量与总成本之间的关系。

而且由于边际产量递减，随着产量的增加，这条总成本曲线也越来越陡峭。

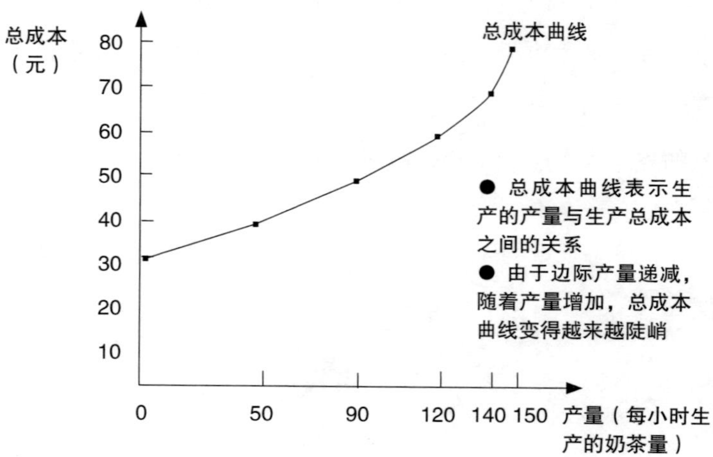

企业到底需要多少人？

一个企业到底需要多少人？

根据前面的介绍，我们知道企业每增加一个工人，由于其他生产条件的限制，随着用人数量的增加，新增工人的产量是递减的。但对企业来说，在每个工人身上耗去的成本却没有多少变化。最终，当新增工人数量达到一定数值时，再新增工人不仅无法带来新的利润，甚至可能带来亏损。因此，对企业来说，在边际利润即将为零或变为负数之前，停止招人，才能使企业获得最大利润。

回到原来的问题上——为什么工作挺多老板却不愿多招人？

因为企业边际利润即将变为零或负数。

5.4 机器人会替代传统劳动者吗？

人工智能产业最近几年显得火热，由此引起一个重要的话题——机器人会替代传统劳动者吗？

这个问题最好是具体问题具体分析。

简单重复的体力工作容易被替代

随着机器人能力的提高，大部分工厂流水线的简单重复体力工作将被机器人替代。除此之外，快餐服务、物流中心配送等均可能由机器人替代。

这样一来，随着生产力逐渐提高，劳动者单位工作时间的薪酬可能暂时会有所下降，大家将会有更多的闲暇时间用来创新、思考、改革。

但从另一方面来看，随着人工智能的大量运用，社会整体生产力大幅跃升，社会整体财富必将大大丰富，也会带来整个社会生活水平的提高。

创造思维、人际交往能力要求高的工作不容易被替代

相对来说，工业自动化会让众多简单重复体力工作被替代，但也有一些工作不容易被替代，如医疗保健、法律、艺术媒体、设计创新、公关等工作。

从长远来看，不管人工智能再怎么发展，总有一些工作是机器人无法替代的。在未来，随着社会生产能力的巨大飞跃，人类的娱乐闲暇时间将大大增加，即便有工作，也主要集中在对创造性思维、艺术媒体、人际交往能力要求高的工作类别上。

新的就业岗位将会涌现

有人也许会问，如果工作被机器人自动化替代了，那么社会整体失业率会不会升高呢？

回答是，或许会。实际上机器人大量使用后，社会自动化水平提升，可能会有许多新的工作涌现。而这些新工作将更加轻松，但创造的社会财富并不少。

英国有关数据显示，机器人大量使用后会让大约一千万劳动者的工作岗位被机器人替代，但是，接下来七年，仅伦敦就将多出至少 30 万个就业岗位。

不管怎么说，随着生产力提高，社会将越来越不再依赖廉价劳动力，而对创造性能力的需求将持续增加。

5.5 性别会影响收入吗?

歧视也是造成工资差别的一个重要原因。当市场向那些仅仅是种族、宗教、性别、年龄或者其他个人特征不同的相似的个人提供了不同机会时，就出现了歧视。歧视反映了某些人对某个社会群体的偏见。

劳动市场上的歧视可能来自两个方面：一是雇主，二是顾客。例如一家餐厅只招收女性服务员，一个原因可能是雇主本身偏爱女性，另一个原因可能是顾客偏爱女性为自己提供服务。这两个原因对收入的影响有很大区别。

那么从总体上看，雇主和顾客的歧视，会对收入造成真正的影响吗?

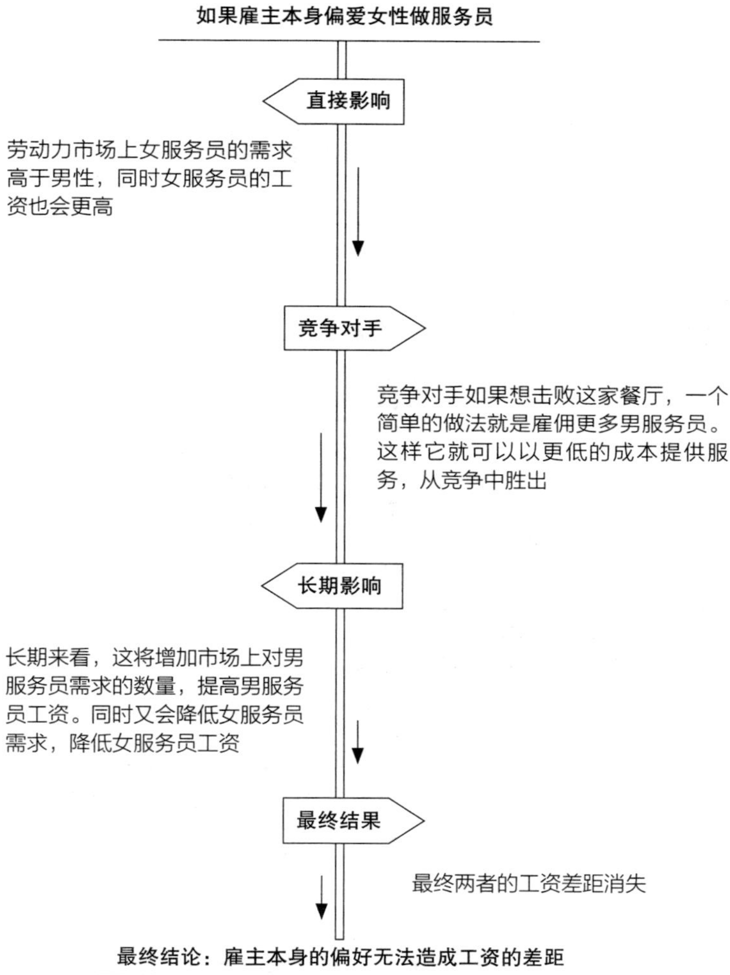
如果雇主本身偏爱女性做服务员
直接影响
劳动力市场上女服务员的需求高于男性，同时女服务员的工资也会更高
竞争对手
竞争对手如果想击败这家餐厅，一个简单的做法就是雇佣更多男服务员。这样它就可以以更低的成本提供服务，从竞争中胜出
长期影响
长期来看，这将增加市场上对男服务员需求的数量，提高男服务员工资。同时又会降低女服务员需求，降低女服务员工资
最终结果
最终两者的工资差距消失
最终结论：雇主本身的偏好无法造成工资的差距

前边我们仅仅考虑雇主，没有考虑顾客的偏好。如果是顾客偏爱女性为自己提供服务，结果就不一样了

假设情况

假设有两间餐厅：阿发和阿财。阿发餐厅雇佣了更多女服务员，阿财餐厅雇佣了更多男服务员

成本计算

因为女服务员工资高于男服务员，阿发餐厅的经营成本要高于阿财餐厅

没有偏好

如果顾客本身只关注饭菜质量，对服务员是男是女没有兴趣。那么阿财餐厅会在竞争中胜出，阿发餐厅可以关门了

存在偏好

假设顾客更喜欢女服务员为自己服务。这样阿发餐厅就更受顾客欢迎，它的饭菜可以有更好的销量，制定更高的价格。最终阿发餐厅可以赚到更多收入

最终结论

只要这些多出来的利润能抵消为雇佣女服务员多支出的成本，阿发餐厅就不会输掉与阿财餐厅的竞争。最终，女服务员的工资仍然会高于男服务员

顾客的偏好会造成工资的差距

5.6 为什么灵活就业越来越盛行？

灵活就业是相对于全日制就业形式而言的，它包括临时性工作、非全日制工作、季节性工作、小时工作等不限时间、不限收入、不限场所的灵活多样的就业形式。

随着就业市场的不断发展，选择灵活就业的人越来越多。据调查，不少人不再像前些年那样过于看重户口和“铁饭碗”，开始接受了派遣工、小时工、短期工、兼职工等灵活就业方式。而在一些发达国家中，非全日制用工占就业总量的比例已超过 20%。

中国灵活就业多出现在特大城市。据资料显示，仅上海一地，小时工从业人员已经超过百万

灵活就业多以每小时为计量单位来计酬。如小学辅导、街舞教练、瑜伽教练、酒店钢琴弹奏、聊天陪读等等

中国一些地方仍将灵活就业视作一种中低端职业模式，但发达国家不少行业已经发展出各种各样灵活就业的模式

为什么灵活就业越来越盛行呢？

对商家来说，聘临时雇员可降低成本

对某些特殊行业，如超市、饭店、家政服务、宾馆、旅行社等，由于经营受到季节、时间的影响，业务开展具有很大的不平衡性。例如某些海滨度假酒店，冬天几乎没有什么消费者光顾，而夏天却客流爆满，因此在营业高峰或服务高峰时，常常需要实施弹性用工制度。

这种灵活就业人员通常具有“短、频、快”的特点，与传统就业的“常规军”相比，突击“作战”能力和机动反应能力都相当不错，但成本却非常低。

实际上，为了降低劳动成本，企业实施有效的弹性就业已经是国际通行做法。重构劳动过程，使其越来越具有弹性，是在激烈的竞争中企业制胜的法宝。

对劳动者来说，灵活就业可让自己有更多自自由

对劳动者来说，灵活弹性就业可以让自己有更多的自由、更多的选择。这对一些高级人才而言，无疑具有相当大的吸引力，因为弹性就业机制能够实现他们工作与生活之间的平衡，让劳动者实现“在工作中享受人生”。

灵活弹性就业越来越成为部分高级人才的选择

过去的观点

过去提到弹性就业，人们的脑海中往往想到的都是导游、商业导购员等普通就业岗位。如今，高级人才灵活就业的也比比皆是

就业的领域

目前高级人才弹性就业的职位主要集中在研发、培训师、咨询、生产销售工程师和高级翻译领域等。大家都青睐这种弹性化的工作方式

企业的需求变化

企业往往需要一定的柔性管理和灵活的组织架构，以适应市场和技术的新情况，高级人才灵活就业正好满足了这方面的需求

高级人才本身

从薪酬情况看，短期雇员的收入较高，对于一些个人来说，他们愿意接受这种短期内获得最大收益的工作方式

未来的时代潮流

在未来，随着智能经济的不断深入，尤其是服务业的发展，劳动力市场将会发生巨大的变化，人们的就业模式将会越来越具有个体化倾向，弹性就业将会越来越普遍。

在西方国家，公司聘请临时雇员很普遍。目前美国有专门从事提供临时雇员服务的企业 7000 多家，而且还有相关专家预测，20 年后美国劳动力市场个体就业的比例将上升至总体的 60%左右。

第6章 企业行为与产业组织

生活中，生产活动无处不在，每个企业在进行生产之前都要计算生产成本和收益。在制订企业生产计划时，大家都明白，只有总收益大于生产成本时，生产才是合算的。但更深层次的问题，如“经济学家和会计师在核算成本时有什么不同？企业成本控制到什么程度才最有竞争力？”等，却需要对企业行为和产业组织进行深入学习后才能了解。

6.1 开一家奶茶店有哪些成本？

对企业所有者来说，开办一家企业首先要弄明白的就是成本问题，但就是这个问题，往往有很多种说法。

显性成本

企业生产的机会成本有时是明显的，而有时又不是那么明显。比如我们支付给工人的工资，又或者购买设备的支出等。这些成本都是要求企业付出一些货币，它们被称为显性成本。

隐性成本

与此相比，企业的一些机会成本被称为隐性成本，并不要求有现金支付。如作为程序员工作的你每小时收入 200 元，如果我们在自己的奶茶店工作一小时，就需要放弃 200 元的收入。这种放弃的收入也是我们的成本之一，是隐性成本中的一小部分。

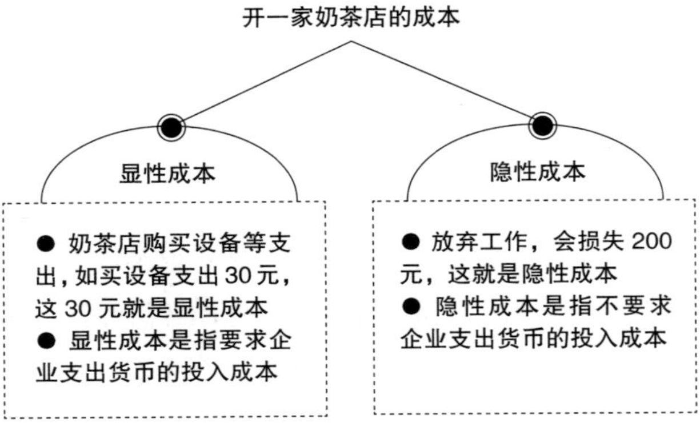

显性与隐性成本之间的区别强调了经济学家与会计师分析经营活动之间的重要不同。经济学家关心和研究企业是如何做出生产和定价决策的，在衡量企业的成本时，就自然而然地用到了这两种成本。而会计师的工作是记录流入和流出企业的货币。结果，他们衡量显性成本，但往往忽略了隐性成本。

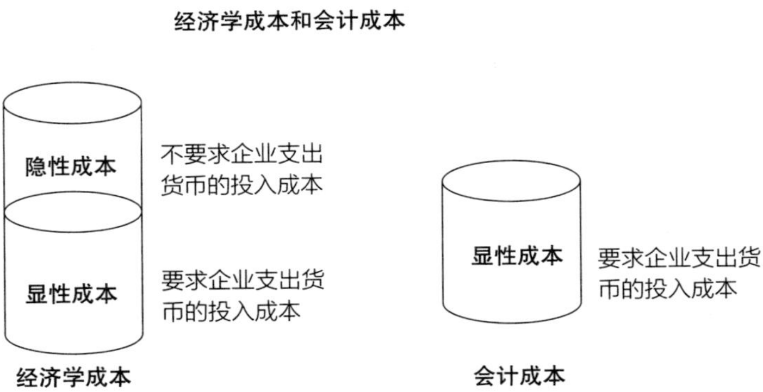

每一个企业的重要隐性成本都是已经投资于企业的金融资本的机会成本。比如，我们用 30 万元买下一个奶茶店。与此同时，我们放弃了把这笔钱存入银行，每年将赚到 1 万元的利息收入。这放弃的 1 万元利息收入即是我们的隐性机会成本。

由于经济学家和会计师用不同方法衡量成本，所以他们也用不同的方法衡量利润。经济学家衡量企业的经济利润，即企业的总收益减去生产所售物品与劳务的所有机会成本。会计师衡量企业的会计利润，即企业的总收益仅仅减去企业的显性成本。

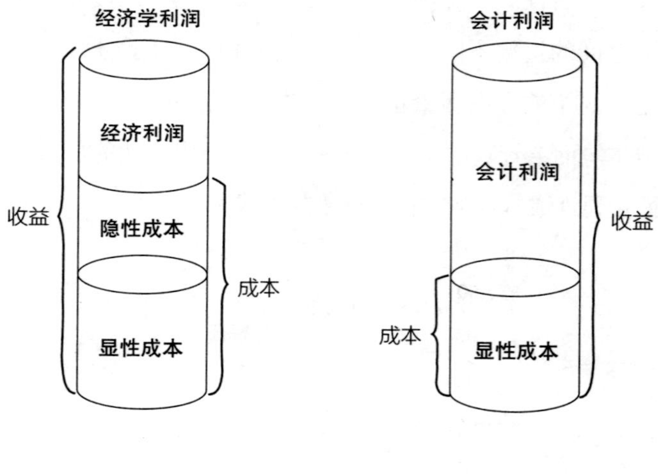

6.2 奶茶店运营过程中有哪些成本？

企业运营过程中，必然要对相关成本进行衡量。当我们需要分析生产和定价决策时，将会用到这些成本衡量方法。为了得出这些相关的衡量，我们仍然以奶茶店的成本数据作为参考。

奶茶的数量（每小时杯）	总成本（元）	固定成本（元）	可变成本（元）	平均固定成本（元）	平均可变成本（元）	平均成本（元）	边际成本（元）
0	3.00	3.00	0.00				
1	3.30	3.00	0.30	3.00	0.30	3.30	0.30
2	3.80	3.00	0.80	1.50	0.40	1.90	0.50
3	4.50	3.00	1.50	1.00	0.50	1.50	0.70
4	5.40	3.00	2.40	0.75	0.60	1.35	0.90
5	6.50	3.00	3.50	0.60	0.70	1.30	1.10
6	7.80	3.00	4.80	0.50	0.80	1.30	1.30
7	9.30	3.00	6.30	0.43	0.90	1.33	1.50
8	11.00	3.00	8.00	0.38	1.00	1.38	1.70

由表中数据，我们可以总结出企业成本的衡量方法有两种，它们分别是用固定成本与可变成本衡量、用平均成本与边际成本衡量。

固定成本与可变成本衡量

用固定成本与可变成本衡量时，首先要将企业总成本分为两类。一类是固定成本，它是指一些不随着生产的产量变动而变动的成本。还有一类是可变成本，它是指随着企业改变产量而变动的成本。

企业总成本是固定成本与可变成本之和。表中的奶茶店的总成本就是设备成本（固定成本）加人工成本（可变成本）。如上表中，生产一杯奶茶时，总成本为 3.30 元，其固定成本为 3.00 元，可变成本为 0.03 元。

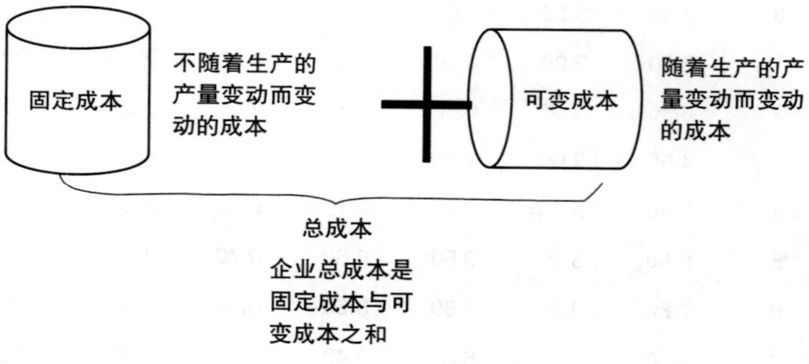

平均成本与边际成本衡量

平均成本可以帮我们了解生产每一单位产品的成本。我们通常用企业的成本除以它的产量得出平均成本。如企业每小时生产 2 杯奶茶，每小时的总成本是 3.8 元，生产一杯奶茶的成本是 1.9

（3.8/2）元。

由于总成本就是固定成本与可变成本之和，所以平均成本可以表示为平均固定成本与可变成本的和。平均固定成本是固定成本除以产量，平均可变成本是可变成本除以产量。

● 平均成本
＝平均固定成本＋平均可变成本
＝固定成本 / 产量＋可变成本 / 产量

● 3.3（每小时生产 1 杯时）
＝ 3.00 ＋ 0.30
＝ 3.00/1 ＋ 0.3/1

虽然平均成本告诉我们生产一单位产品的成本，但它没有告诉我们当企业改变其生产水平时总成本如何变动。此时，我们可以用边际成本来衡量，它表示企业增加一单位产量的生产时总成本的增加量。

当企业产量从 2 杯增加到 3 杯奶茶时，总成本从 3.8 元增加到 4.5 元，这样，第 3 杯奶茶的平均成本就是 4.5 元－ 3.8 元，即 0.7 元。

用数学公式来表示就是：

平均成本＝总成本 / 产量，ATC ＝ TC/Q。

边际成本＝（总成本变动量）/（产量变动量），MC ＝ ΔTC/ΔQ。

在这里，Q 代表产量，TC 代表总成本，ATC 代表平均成本，MC 代表边际成本。

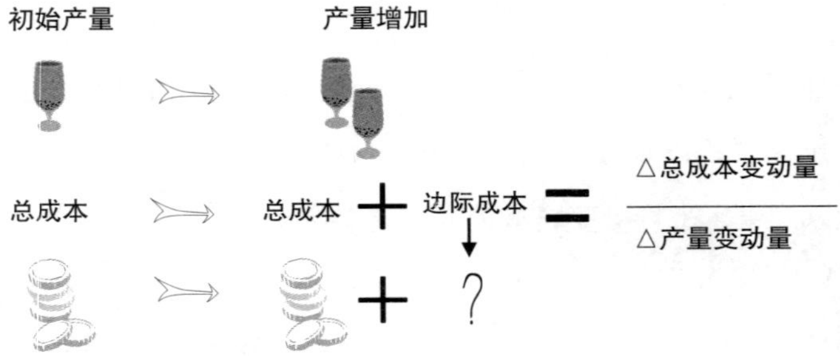

当我们分析企业行为时，发现平均成本和边际成本图是非常有用的。其曲线形状大体如下图所示。其中横轴代表企业产量，纵轴代表边际成本和平均成本。图中有四条曲线：平均成本（ATC）、平均固定成本（AFC）、平均可变成本（AVC）以及边际成本（MC）。

图中显示，边际成本随着产量增加而上升。这反映了边际产量递减的性质。是指企业产量已经相当高时，额外增加一个工人的边际产量小，而额外增加一单位产量的边际成本则较大。

平均成本曲线的U形特征说明在产量水平极低时平均成本高，因为固定成本只分摊在几个单位产品上。然后随着产量的上升直至企业产量达到每小时5杯奶茶为止，平均成本下降，这时平均成本下降到每杯1.3元。当企业生产超过6杯时，平均成本由于平均可变成本大幅度上升又开始增加。

在达到使平均成本最小的产量时，U形曲线的底部就出现了。这种产量优势被称为企业的有效规模，即这时的平均成本是最低的，如图中的Q点。

只要边际成本小于平均成本，平均成本就下降。只要边际成本大于平均成本,平均成本就上升。平均成本像你累积的平均绩点，边际成本像你下一门课得到的成绩。如果你下一门课的成绩小于你的平均绩点，你的平均绩点就下降；反之，则上升。

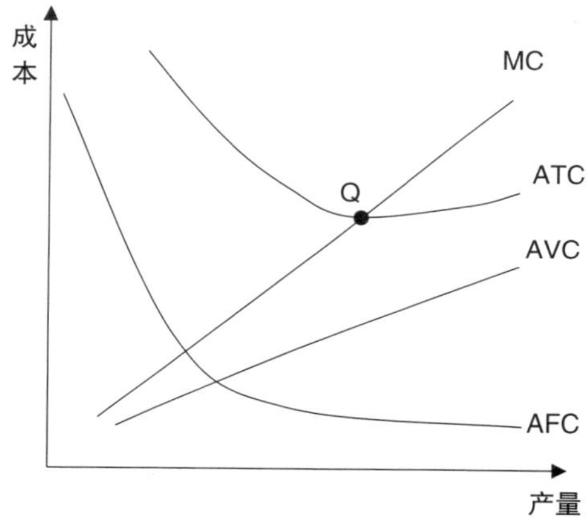

- MC 为边际成本
- ATC 为平均成本
- AVC 为平均可变成本
- AFC 为平均固定成本

- 左图中的 Q 交点，即为一家企业的有效规模，此时，企业的平均成本是最低的

- 边际成本大于平均成本，平均成本就上升。边际成本小于平均成本，平均成本就下降

6.3 为什么童装用料少定价却不低?

许多消费者认为童装用料比成人装少很多，价格应该便宜一点，但在在购买童装时，却发现童装价格普遍较高，部分品牌童装价格已接近成人装，尤其是一些国外著名品牌童装售价更是高于成人装。

为什么会出现这种情况呢?

品牌高昂授权费抬高童装价格

国内童装品牌有许多贴着国外品牌，但本质上还是国内企业。这是一种国际通用的知识产权有偿使用授权形式，国外知名品牌授权给国内童装企业，国内被授权企业则根据合同规定每年支付相应的品牌授权费。而这笔费用最终必然会转嫁到童装的生产成本上，因此贴着国外品牌的童装售价就会相应提高，也在整体上提高了国内生产厂家的售价。

严苛的面料标准抬高了生产成本

童装与成人装是不一样的，因涉及儿童的身体健康，为保证童装的安全性，我国颁布了相关的标准和规定，对童装面料的色牢度和甲醛、PH 值含量都有强制性规定。因此，童装生产企业所需的面料势必要更加安全、环保，面料成本势必要有所增加。

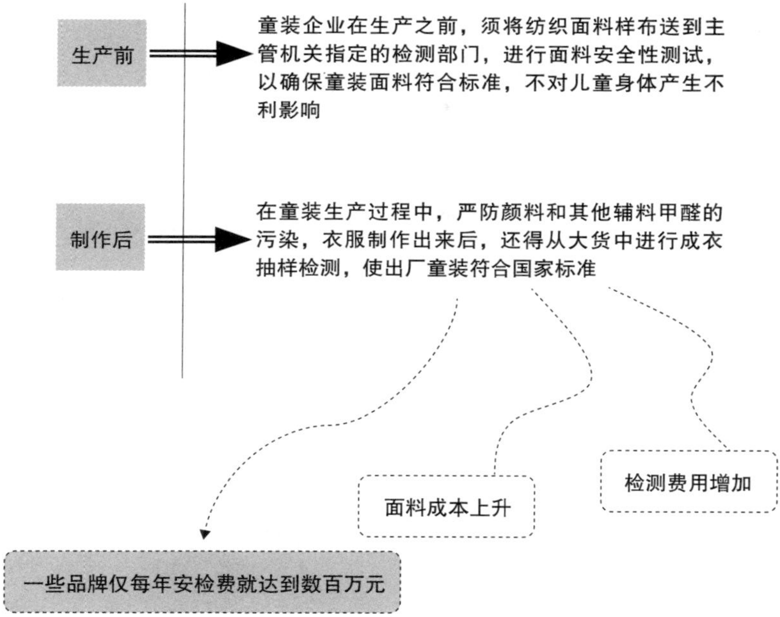

复杂工艺使人工费用增加

与成人装相比，童装生产工艺较为复杂，不但生产流程长，有些装饰工艺因耗时、耗工会造成劳动力成本的上升和单车 / 台生产数量的下降。例如，我们常见童装上有一些体现童趣的图案，这就需要厂商在生产工艺上采用贴花、绣花、印花、嵌线、镶拼等诸多工艺作为点缀，成本的增加是免不了的。

当然，童装用料会少一点，但省下来的成本却抵不过工艺增加的费用。

多规格增加销售价格

童装的规格比成人装广得多。如某厂商将其消费群体的年龄定位在 5 ~ 12 岁，投产一个款式后，必须将每个年龄段、每个颜色、男女性别都备齐，这势必给厂商的经营带来困难。

通常，童装的款式越多，营销网络越广，其生产数量通常也会大幅增加。生产数量巨大，形成库存风险的概率就高。一旦当季衣服无法完全销售，那就只能甩卖，以回笼资金投入再生产。因此，很多童装生产企业在考虑童装售价时，必然要把这个因素考虑在内，无形之中就会提高童装的市场价格。

季节性优惠促销的影响

童装在销售过程中，经常要受到节假日优惠、店庆促销或换季甩卖的影响，价格会出现阶段性波动。因此童装企业在制定价格时会有意地偏高一点，用以平复优惠促销和换季甩卖期间的亏损经营。通常，童装企业在一个季节的周期内，所获得的是经营的平均利润。

其他费用的增加

除了上面的因素，童装生产企业往往还要面临人员成本和营销费用支出的逐年增加，这势必导致童装的利润空间逐年趋窄，企业要想保住盈利，提价将会成为一个选择。

总体上来看，童装企业要想普遍降低童装售价，进一步提升竞争力，就应该加强管理，压缩经营成本开支，通过打造自己的品牌和文化，做大童装经营规模。

6.4 为什么商家愿意请“天价代言”？

广告是垄断竞争行业的一个自然而然的特征。当很多企业销售有差别的产品并且想把它们卖给同一群消费者时，就需要通过广告来吸引更多买者。

不同类型企业的广告支出差别很大

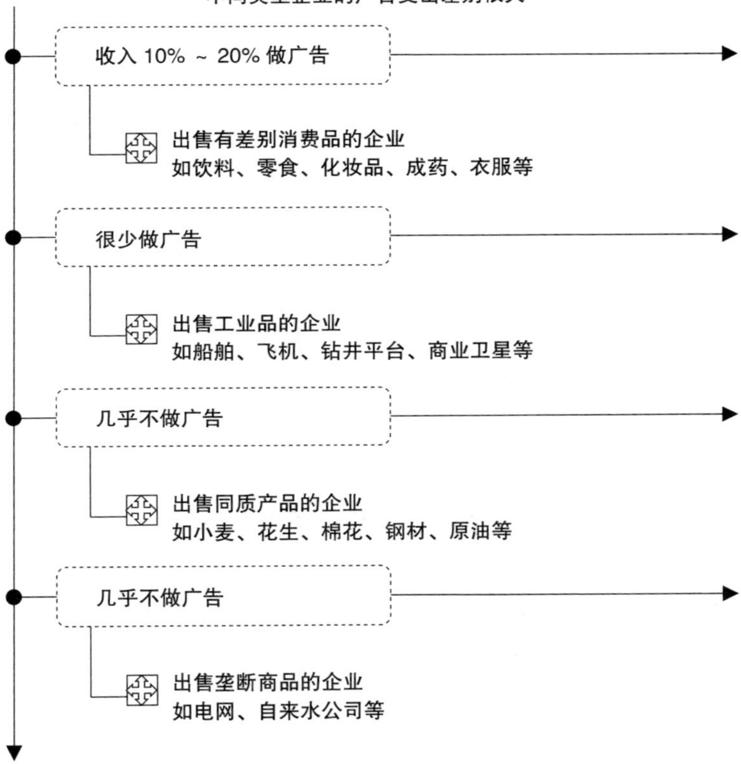

很多人反对企业做广告，他们认为广告是一种对资源的浪费。但是还有一部分广告的支持者认为，广告是服务于有价值的目的。广告的支持者和反对者之间的争论，主要集中在两个问题上。

问题 1：广告提供的信息

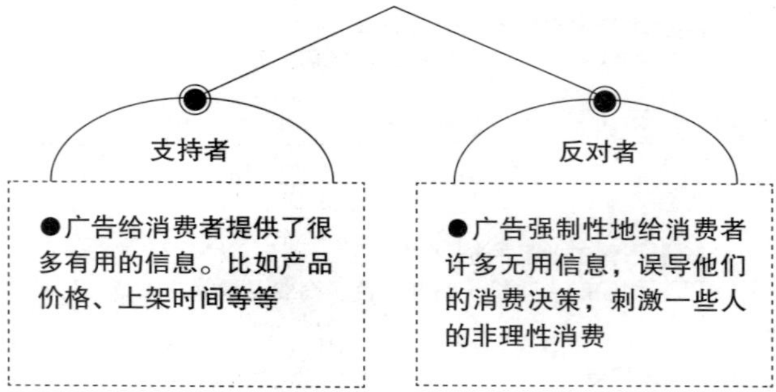

问题 2：广告对竞争的影响

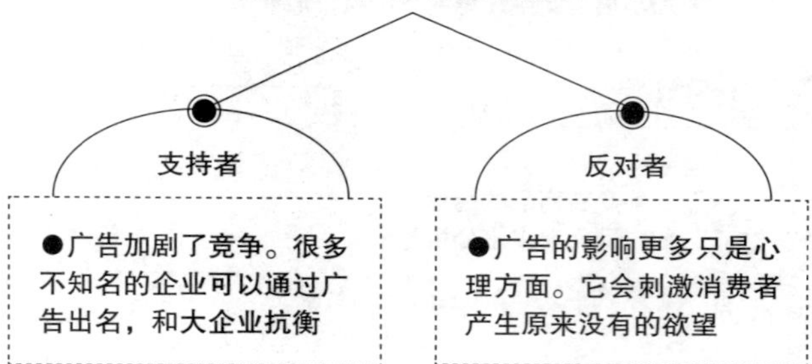

除了以上两点争论外，很多支持者还认为广告本身是一种质量的信号。花大价钱做广告的产品本身必然是优秀的产品，值得购买。

日常生活中，有很多企业愿意花费天价请明星作为品牌的代言人，主要是看中了明星的三个价值。

A **明星通常代表着某种精神，请明星代言，品牌也就有了明星的这种精神**

B **明星具有持续有效的广告推动力，消费者只要想起这位明星，可能就立马想象到她代言的某个品牌**

C **明星对粉丝和社会大众具有巨大的引导力，请明星代言可以快速提高品牌的关注度和美誉度，提升终端市场的销量**

但天下事有利就有弊，虽然运作成功的明星代言会让一个品牌在短期内价值凸显，但重金请明星代言，也具有相当大的市场风险。例如，当明星个人形象过于突出，品牌便自然而然被贴上某些难以改变的标签，这对品牌后续运作颇为不利。更严重的是，一旦明星爆出负面新闻，比如艺人口不择言或什么“门”之类的事情发生，被代言的品牌将损失惨重，之前所付的天价代言费往往就打了水漂。正因为如此，也有许多大品牌，如苹果手机、爱马仕、杜蕾斯等坚持不请明星代言。

6.5 对卖家征税与买家有什么关系？

当政府征收较高的汽油税时，谁可能是这种税收的最终承担者？是买家吗？

对此，不同的经济学理论有不同的说法，下面是两种比较有代表性的观点。

税收粘蝇理论

税收粘蝇理论认为，税收就像粘蝇纸上的苍蝇，它总是被它落脚的地方承担，而不存在税收在各社会主体间的转移。

以粘蝇理论来看待税收，最受欢迎的税种是公司所得税，因为这种税使得税收全部由公司承担了。

税收的转移理论

按照现代税收归宿理论，税收普遍在各社会主体间存在转移现象。下面是三种常见的转移现象。

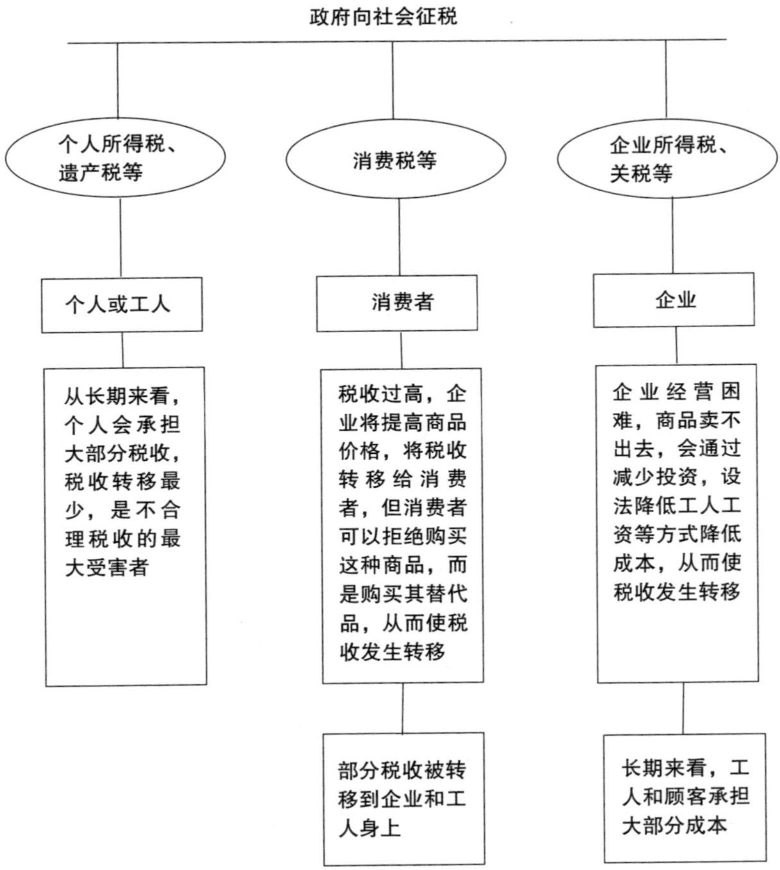

这样就很清楚了，政府一旦对卖家征税，卖家势必提升商品价格，将一部分负担转移到消费者头上。从这个角度看，对卖家征税相当于对全社会征税。

6.6 为什么企业都喜欢做“独家”？

在日常生活中，我们发现企业都喜欢做“独家”“排他性”的业务，这就是垄断性市场形态。

如果一家企业是一个市场上的唯一卖家，同时它的产品又没有相近的替代品，它就形成了垄断。垄断形成的原因可能有三个。

资源垄断

企业拥有唯一的资源
例如一个小镇上只有一口井，又没办法从其他地方取水。这口井的拥有者就在水市场上形成垄断

政府垄断

政府赋予某个人排他性地出售某种物品或劳务的权利
例如一家制药企业刚刚研制出了新药，并且在政府申请专利。政府只允许这家企业生产这种药

自然垄断

一个企业能以低于两个或更多企业的成本向整个市场供给一种商品或劳务
例如一个城市只需要一个供水管道网。如果两个企业都铺设管道，会极度没有效率。只能由一家垄断

垄断市场上只有一家企业。因此企业在垄断市场上面临与完全竞争市场不同的市场环境。在完全竞争市场上，企业产品的售

价不会受到自身产量的影响。但是在垄断市场上，企业希望出售的产品越多，售价就越低。

微软公司几乎垄断世界上的电脑操作系统。我们假设微软公司的目标客户有 10 个人，他们每个人愿意为购买一张操作系统光盘付出的价格不同。

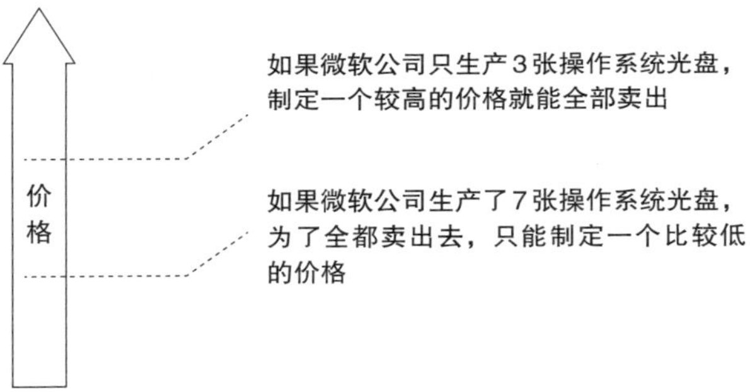

根据上边的分析，我们可以得到垄断企业边际收益的曲线。

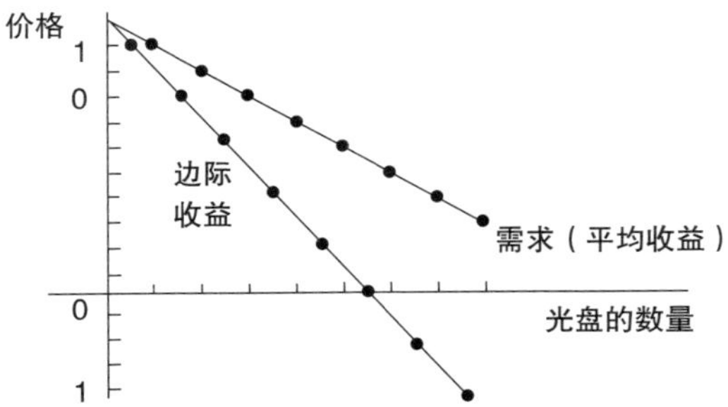

● 需求(平均收益)曲线表示随着光盘销售(生产)数量增加，出售价格也将下降
● 边际收益曲线表示生产光盘数量越多，每新生产一张光盘的收益越低

我们把边际成本曲线和平均成本曲线加到上边的图里。

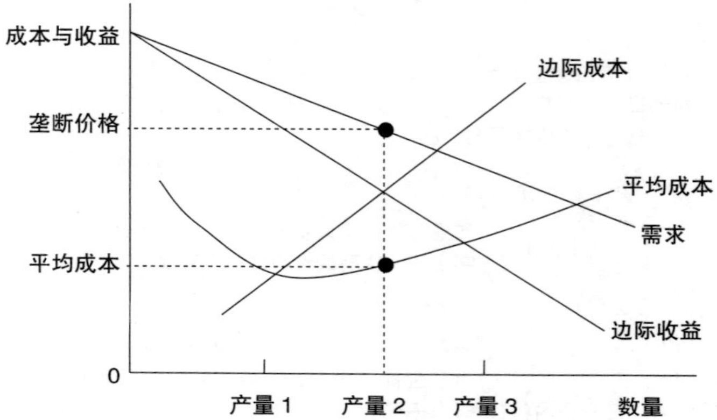

- 对于垄断企业，最优产量是使边际成本等于边际收益的产量
- 如果产量过低，例如位于产量 1，增加产量有利可图；如果产量过高，例如位于产量 2，减少产量有利可图
- 在最优产量水平上，通过需求曲线可以得到垄断价格
- 垄断企业的垄断价格高于平均成本。这说明垄断给企业带来了额外利润。华为、微软热衷于申请专利，喜欢做“独家”，就是为了追求这部分收益

6.7 为什么商家更愿发优惠券而不直接降价?

在日常生活中，商家促销活动越来越“精明”，他们更愿意发优惠券，而不是像以前那样直接打折或者降价。这其中包含着许多经济学道理。

降价是一种带有损伤性的促销方式

很多商家之所以更愿意发优惠券而不是直接降价，首先是因为降价是一种带有损伤性的促销方式。

表面上看，降价降的是售价，但对商家来说降的则是活生生的利润。只要商家够聪明，就不会这么做——除非存货积压，到了万不得已的时候，才会采取这种降价手段，但通常也只是采用部分商品降价的手段。否则，损伤的只能是自己的利润。

除了损伤商家利润，降价还会连带损伤品牌，让消费者觉得降价品牌是一个不可信赖的、级别不够高的低等品牌。无形中品牌的价值就已经缩水了。

打折或降价通常在清理库存的时候使用

打折或降价的通常都是快速消费品行业的品牌

高端品牌如果要打折销售，最好不要直接在直营店或官网上打折，因为会损伤品牌形象，但可以在品牌折扣店、工厂店等打折、促销

优惠券的促销功能

优惠券首先也是一种促销工具，消费者不管是免费得到还是消费到一定额度后得到，接下来肯定要在一段时间内加大对相应商品的购买力度。

优惠券更多是一种营销工具

消费者需要注意的是，优惠券发出去后，最终使用者未必就一定是获得优惠的人。如果商家优惠券发放渠道比较精确，它将为商家带来优质的新客户。

比较理想的一种情况是，优惠券是通过老客户发出去的，那么其流向准确性会更高。这些已经被证明是老客户的消费者，总

是会把优惠券送给有相近爱好的亲人、朋友、客户，通常他们的消费能力都差不多。所以，商家发放优惠券，最好通过老客户发放，这样获得新客户的成本也会比较低。

从长期来看，商家发放优惠券，利润损伤并不会特别大，反而会促进品牌的传播，提升品牌的价值。尤其是当品牌属于强势品牌的时候，商家发放的优惠券反而会成为一种朋友间的赠礼，让人面子倍增。

所以，优惠券从来就不是像商家讲的那样，是单纯的商家为消费者让利，它更多的是一种营销工具。

第7章 公共部门经济学

在完全竞争市场上，买家和卖家受“看不见的手”的引导行动，使社会经济福利最大化。然而市场并非万能的，市场有些经济活动的影响往往超出了对买卖双方的福利影响，而扩大到其他人身上，这就是市场的外部性问题。这个问题靠市场本身很难解决，必须政府出面干预，才能很好地解决。

7.1 为什么公路铲雪活动由政府买单？

通常，下雪后公路铲雪都是由政府机构买单的，为什么会出现这种情况？

外部效应

经济学里，把实际经济生活中，生产者或消费者的活动对其他生产者或消费者带来的非市场性影响称为外部经济性或正外部性。这种影响可能是有益的，也可能是有害的。

外部效应

- 正外部性
  比如养蜂人的到来增加了果园的产量，反过来果园的扩大又会增加养蜂人的收益
- 负外部性
  比如工业生产造成的环境污染，公共场所高声喧哗、吸烟等不文明的行为给别人带来的麻烦和不便

正外部性需要政府买单

在实际生活中，正外部性无疑是一种“双赢”的局面，既能给购买者带来价值，还给社会上其他人带来了附加价值。因此，市场上对这种物品需求的高低并不能代表该物品的真实社会价值。实际上，物品的社会价值可能远大于给购买者个人带来的价值。

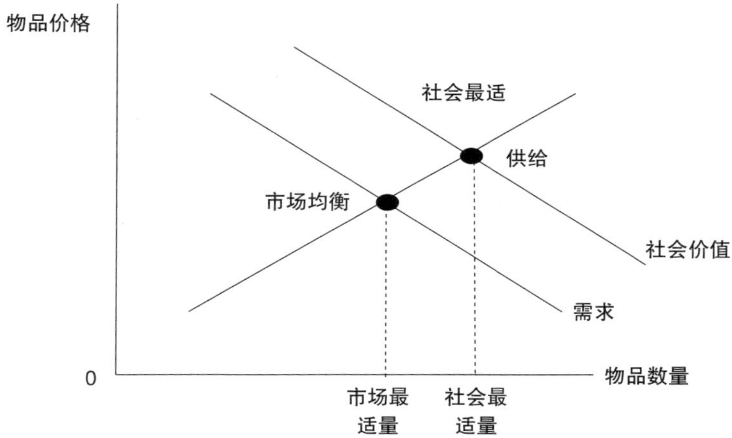

经济学家发现，如果一个市场存在正外部性，如果没有政府的介入，市场仅能满足买方的需求，而不能满足全社会对这种产品的需求。要纠正这种市场的失灵，政府必须出钱出力，对这种产品的生产进行补贴，以激励其扩大生产量。如教育、植树造林、公路铲雪等。

7.2 治污应该限制产量还是征污染税？

正外部性问题在现实中不是特别常见，常见的是负外部性问题。

公共领域的负外部性问题

与正外部性问题相比，负外部性往往更引人关注，因为它可以在一段时间内切实损害大众的利益。例如在公共场所，一些人无视“禁止吸烟”的标志随意吸烟，一些人旁若无人地大声喧哗，一些人不遵守交通规则随意闯红灯……

这些人的行为无疑令人不快，为什么会这样呢？因为他们的行动不用自己付出任何代价，而他们的行为所造成的麻烦和不便，却要由其他人承受。

政府解决负外部性问题的两种方法

负外部性问题可以私人解决，但市场自发的调节往往成效不佳。除了私人解决，政府是解决负外部性问题的主要力量。政府通过两种公共政策解决外部性问题，即管制和税收（补贴）。

管制是政府制定的限制性措施。例如政府制定法律限制污染企业的污染物排放量，规定每年污染物排放不能超过 300 吨，超出则予以重罚。

针对外部性问题征收的税收（补贴）叫做庇古税。

庇古税由英国经济学家阿瑟·庇古于 1928 年提出，是指通过对生产负外部效应的生产者征收税收或者对产生正外部效应的生产者给予补贴，从而使得外部性问题得到修正。

例如政府对造纸厂和钢铁厂按照污染物的排放数量征税，对教育企业则给予补贴。

那么作为解决外部性问题的两种方法，管制和税收（补贴）哪种更好呢?

以一家造纸厂为例，政府为了控制污染物排放，对其可以采取管制和税收两种策略。管制措施是规定每年污染物排放不能超过 300 吨，超出则予以重罚。征税措施是规定每吨污染物排放征收 5000 元的排污费。

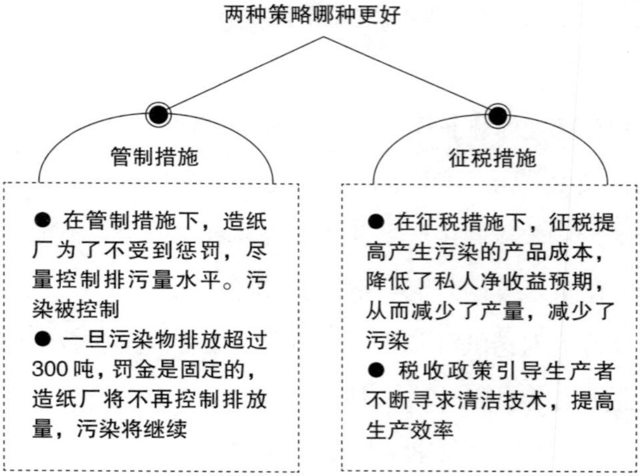

可见管制措施在解决外部性问题上效率较低，税收政策是政府更愿意使用的措施。

7.3 为什么说公共政策不能令所有人满意？

公共选择

日常生活中人们所面临的选择无非两大类：私人选择和公共选择。私人选择可以完全按照个人意愿做出。比如今天晚上你要吃馒头还是米饭完全可以自己决定，无需征求你邻居的意见。

而公共选择就不同了。比如投票选职工代表，你为你的朋友投了一票，但并不等于你的朋友就可以当选，这还要看别人是否投他的票，也就是说，投票选举属于公共选择的范畴。在经济学里，公共选择是一种非市场决策过程，需要多个人共同做出决定，比如制定或修改法律、投票或选举活动等。

公共选择的最高境界是一致同意，但是在现实生活中，由于各参与者之间的利益差别不可避免，一致同意的情况是可遇不可求的，因此人们实际遵循的是少数服从多数的原则。这样虽然少数人的利益会受损，但大部分人获益，社会总福利还是增加的。

阿罗不可能性定理

阿罗不可能性定理由1972年诺贝尔经济学奖得主美国经济学家肯尼斯·J. 阿罗提出。该定理指出，如果众多的社会成员具有不同的偏好，而社会又有多种备选方案，那么在民主的制度下不可能得到令所有人都满意的结果。

假设有甲、乙、丙三个人，对苹果（apple，用a表示）、香蕉（banana，b）、樱桃（cherry，c）的偏好是甲（a＞b＞c），乙（b＞c＞a），丙（c＞a＞b），“＞”表示更偏好。

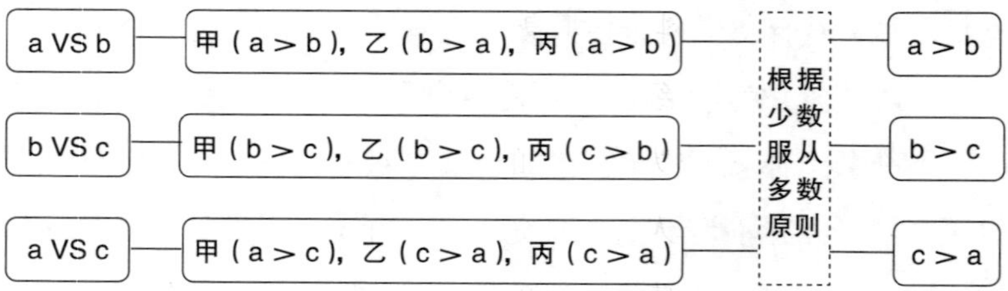

由此我们得到了三个整体偏好次序，表明整体偏好a更胜于b，偏好b更胜于c，偏好c更胜于a。显然，这种偏好次序含有内在矛盾。阿罗不可能性定理说明，简单地依靠少数服从多数的原则，要在各种个人偏好中理出一个共同一致的顺序是不可能的。

7.4 经济学该不该融入道德元素？

从公共部门经济学来看，道德具有哪些经济学效果呢？

经济学不研究道德问题

从整体上看，经济学虽然离不开“道德”“价值体系”之类的概念，但作为一门学科，它本身不研究道德问题。

前面我们说过，经济学可以分为实证经济学和规范经济学。首先，实证经济学作为经济学的主体部分是不研究价值问题的，这一点学过经济学的人都很清楚了；其次，规范经济学在政策制定过程中总得牵涉价值判断吧？但实际情况是，经济学中的道德和价值判断问题被统一归纳到一个假设之中，也即“界定良好且明晰的伦理前提”。

到底什么是“界定良好且明晰的伦理前提”？研究这个问题通常是哲学家、社会学家的责任，而经济学家只是拿来使用而已。

道德行为有助于解决外部性问题

虽然经济学不研究道德问题，但在实际经济活动中，道德行为对解决外部性问题有着不可替代的重大作用。

道德规范

许多外部性问题可以通过道德规范和社会约束解决。一些古老的道德格言可以净化人们的身心，在公共环境里，每个人都面临着其他人的监督。例如，在公众场合，很少有人会随地吐痰或乱扔垃圾，这就是道德规范和道德约束使外部性问题内化的一种方式

慈善行为

社会慈善行动也可以有效地解决一部分外部性问题。例如，古代的寺庙往往成为很多出身贫寒但志存高远的年轻人的免费寄居和读书之地；明星古天乐成立慈善基金会捐资助学。这些慈善行为都对社会产生了一定的正外部性影响

私人签约

在私人市场中，一些外部性问题可以通过利益相关方之间的私人协调、签约而得到解决。例如，蜜蜂采蜜有助于枣树结果，枣花也能为蜜蜂提供质量较高的花粉。如果蜂农和枣农能够协调、签约合作，便可以使双方的共同利益达到最大化。（这个问题后面也有详述）

在经济活动中，经济学家发现，即便没有政府参与，通过道德规范、慈善行动、私人协调等方式，私人也能有效地解决外部性问题。譬如，一些教育水平非常高的国家和地区，在一段时间内甚至没有政府，但社会依然维持高效运转。

7.5 为什么看烟花表演可以免费？

公共物品是指公共使用或消费的物品，是可以供社会成员共同享用的物品。公益物品和公共事业物品等都是公共物品，包括公共图书馆、博物馆、公路、公园等。

公共物品具有下面四个特征。

公共物品的四个特征

具有消费的非竞争性	公共物品一旦被提供，一个人时这种物品的消费并不分减少其他人对同一物品的消费机会和消费数量
具有消费的非排他性	通常没有办法将拒绝付款的社会成员排除在公共产品的受益范围之外
具有效用的不可分割性	公共物品向整个社会提供，社会成员共同享用公共物品的效用，而不能将其分割为若干部分，分别归属于某个人、家庭或企业使用
具有消费的强制性	由于是向整个社会供应的，公共物品一经生产出来即提供给社会，社会成员一般没有选择余地，只能被动地接受

烟花表演为什么可以免费观看呢？

这是大众利用了免费搭车原理。免费搭车原理，是指不承担任何成本而使用公共物品的行为。有这种行为的人就是免费搭车者。

在烟花表演中，政府是出资的一方，而围观的群众成为免费搭车者。

如果每个人都成为免费搭车者，公共物品的供给就成了问题。

为了解决这个问题，政府使用了税收的手段。以烟花表演为例，政府在每个人的税收中增加了 2 元，作为烟花表演的费用。政府以这笔费用雇佣专业人员进行烟花表演，既解决了资金来源问题，也为居民创造了观看烟花的福利。